GS
칼텍스

집합테스트

GS칼텍스
생산기술직 집합테스트

초판 인쇄   2022년 4월 11일
초판 발행   2022년 4월 13일

편 저 자 ｜ 취업적성연구소
발 행 처 ｜ ㈜서원각
등록번호 ｜ 1999-1A-107호
주   소 ｜ 경기도 고양시 일산서구 덕산로 88-45(가좌동)
교재주문 ｜ 031-923-2051
팩   스 ｜ 031-923-3815
교재문의 ｜ 카카오톡 플러스 친구[서원각]
영상문의 ｜ 070-4233-2505
홈페이지 ｜ www.goseowon.com
책임편집 ｜ 정상민
디 자 인 ｜ 이규희

우리나라 기업들은 1960년대 이후 현재까지 비약적인 발전을 이루었다. 이렇게 급속한 성장을 이룰 수 있었던 배경에는 우리나라 국민들의 근면성 및 도전정신이 있었다. 그러나 빠르게 변화하는 세계 경제의 환경에 적응하기 위해서는 근면성과 도전정신 이외에 또 다른 성장 요인이 필요하다.

한국기업들이 지속가능한 성장을 하기 위해서는 혁신적인 제품 및 서비스 개발, 선도 기술을 위한 R&D, 새로운 비즈니스 모델 개발, 효율적인 기업의 합병·인수, 신사업 진출 및 새로운 시장 개발 등 다양한 대안을 구축해 볼 수 있다. 하지만, 이러한 대안들 역시 훌륭한 인적자원을 바탕으로 할 때에 가능하다. 최근으로 올수록 기업체들은 자신의 기업에 적합한 인재를 선발하기 위해 기존의 학벌 위주의 채용을 탈피하고 기업 고유의 인·적성검사 제도를 도입하고 있는 추세이다.

GS칼텍스에서도 업무에 필요한 역량 및 책임감과 적응력 등을 구비한 인재를 선발하기 위하여 고유의 집합테스트를 치르고 있다. 본서는 GS칼텍스 생산기술직 인턴 채용대비를 위한 필독서로 GS칼텍스 집합테스트의 출제경향을 철저히 분석하여 응시자들이 보다 쉽게 시험유형을 파악하고 효율적으로 대비할 수 있도록 구성하였다.

신념을 가지고 도전하는 사람은 반드시 그 꿈을 이룰 수 있습니다. 처음에 품은 신념과 열정이 취업 성공의 그 날까지 빛바래지 않도록 서원각이 수험생 여러분을 응원합니다.

STRUCTURE

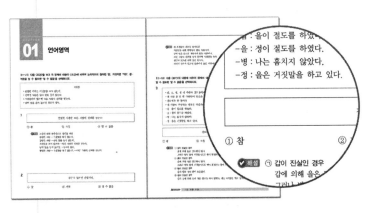

직무역량검사

각 영역별 다양한 유형의 출제예상문제를 다수 수록하여 실전에 완벽하게 대비할 수 있습니다.

한국사

문제의 핵심을 꿰뚫는 명쾌하고 자세한 해설로 수험생들의 이해를 돕습니다.

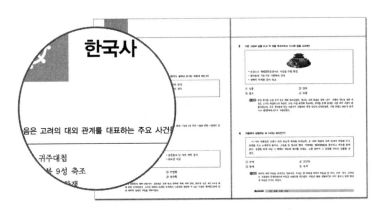

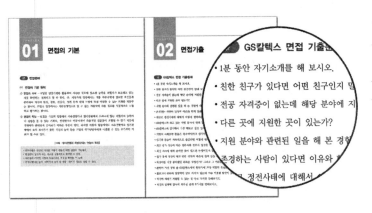

면접

실제 후기를 바탕으로 다양한 유형의 인성검사, 면접 준비사항과 면접 기출문제를 담아 실전에 완벽하게 대비할 수 있습니다.

CONTENTS

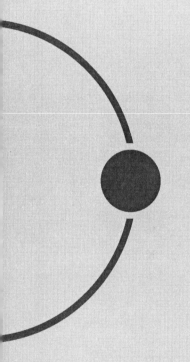

PART

I

GS칼텍스 소개

CHAPTER 01 기업소개

1 GS칼텍스 개요

(1) 회사 소개

GS칼텍스는 대한민국 최초로 설립된 민간 정유회사에서 시작하여 지난 반세기 동안 국가 기간산업인 석유산업과 석유화학산업 등을 일구며 중화학공업을 선도해왔으며, 과감하고 앞선 투자와 기술 혁신을 통해 성장하고 있다.

(2) 비전

① 업계 최고의 경쟁력을 기반으로 가장 존경받는 에너지 · 화학기업

'Value No.1'에 내재되어 있는 '업계 최고의 경쟁력, 가장 존경받는 기업'은 GS칼텍스가 나아갈 방향이자 기본 신념이다. 에너지 · 화학 분야에서 업계 최고의 경쟁력을 바탕으로 세계 최고 수준의 가치를 구현함은 물론 고객, 투자자, 지역사회, 국가 그리고 조직 구성원 모두와 함께 지속해서 성장해 나가는 동반자가 될 것이다.

② 변화 모티브

급변하는 미래 환경 속에서 빠르게 대처하고 바르게 성장하기 위해 2020년 GS칼텍스는 $Energy^+$ 라는 변화 모티브를 통해 에너지 기업으로서 변화와 확장의 의지를 다지며 새롭게 도전한다.

Energy⁺

GS 칼텍스 비전 달성을 위하여 새로운 가치 창출을 통해 미래를 선제적으로 이끌어 나가는 에너지 기업의 변화와 확장

2 사업영역

(1) 정유(Petroleum)

GS칼텍스는 원유 구매 경로를 다변화하여 전 세계 30여 국가에서 80여 유종의 원유를 안정적으로 수입하여, 하루 80만 배럴의 석유를 처리할 수 있는 정제시설과 등·경유 탈황시설 등 최첨단 자동화 생산 설비에서 고품질의 석유제품을 생산하고 있다.

GS칼텍스가 생산한 석유제품은 전국 약 2,400개의 주유소와 약 400개의 충전소를 비롯해 각종 공장, 철도 및 항공사 등에 산업용과 운송용으로 안정적인 내수 공급에 힘쓰고 있으며, 수입한 원유는 다시 석유제품으로 가공하여 수출하는 글로벌 수출기업으로서 수출 다변화에도 지속적인 노력을 기울이고 있다.

(2) 방향족(Aromatics)

석유 또는 천연가스에서 제조되는 각종 석유화학제품은 목재, 고무, 섬유 등 천연제품의 한계를 대체하는 동시에 자동차, 전자, 건설, 의류 등 거의 모든 산업에 핵심적인 소재를 공급하며, 산업의 근간이 되고 있다.

GS칼텍스는 지속적인 시설 투자를 통해 연간 총 280만 톤의 방향족(파라자일렌, 벤젠, 톨루엔, 자일렌) 생산능력을 보유하고 있으며, 원유에서 석유화학제품까지의 생산 Integration 및 30년 이상 축적해온 Operation Excellence를 통해 원가 경쟁력을 강화하고 있다. 또한, 고객 맞춤형 마케팅 등을 통하여 국내 및 해외 고객에게 안정적으로 공급하고 있다.

(3) 올레핀 생산시설(Mixed Feed Cracker)

GS칼텍스는 나프타로부터 에틸렌, 프로필렌 등의 기초유분을 생산하는 NCC 공정을 기본으로 정부가 가치의 공정부산물(에탄, LPG 등)을 원료로 사용하여 고부가 가치의 석유화학 제품으로 전환 가능한 MFC(Mixed Feed Cracker)를 준공하여 연간 75만 톤의 에틸렌 생산능력을 보유하고 있다. 원료 공급에서 수요처 확보에 이르기까지 연관 산업과의 수직계열화, 규모의 경제를 위한 생산설비 확장을 통해 균형 잡힌 미래성장을 이끌어 갈 것이다.

(4) 폴리머(Polymer)

GS칼텍스는 1988년 폴리프로필렌을 생산하기 시작한 이래 꾸준히 생산시설을 증설하여 연간 18만 톤의 생산능력을 확보하고 최고의 품질과 서비스를 제공하고 있으며, 폴리프로필렌의 원료인 프로필렌을 자체 생산하여 제품경쟁력을 강화하고 있다. 또한, 지속적인 연구개발로 업계 기술력을 한 단계 향상시키는 데 기여하는 동시에 고기능성 원료 개발과 상품화에 주력하고 있다.

(5) 베이스 오일(Base Oil)

최첨단 수첨분해공법(Hydrocracker, HCR)으로 친환경적인 고품질 베이스오일을 생산하여 자동차용·산업용 윤활유 제조사에서 요구하는 까다로운 조건을 만족시키고 있으며, 기존 베이스오일이 충족시키지 못한 최상급 윤활유 제조에 최적의 해답을 제시하고 있다.

GS칼텍스는 베이스오일 전체 생산 물량 중 70% 이상을 해외 수출하고 있으며, 아시아의 베이스 오일 수요가 증가함에 따라 향후 지속적으로 생산 능력을 개선해 아시아의 선도적 베이스오일 공급 회사로 성장해 나갈 것이다.

(6) 윤활유(Lubricants)

최적의 윤활유 제품을 만들기 위해 자체 생산한 고품질 베이스오일을 사용하고 혁신 기술을 적용하여 엄격하게 관리하여 180여종의 Kixx 윤활유 제품을 생산하고 있다.

프리미엄 엔진오일 Kixx PAO, 승용차상용차용 엔진오일 등 자동차용 윤활유로부터 산업 현장에서 사용되는 유압유와 산업유 등 산업용 윤활유 제품들은 오랫동안 고객과 함께해온 대표적인 제품이다.

CHAPTER

02 채용안내

1 **인재상**

　GSC Way: 조직가치(신뢰, 유연, 도전, 탁월)을 실천하며 비전을 향해 도전하는 인재

　(1) 신뢰

① 역할에 대한 이해

② 원칙준수

③ 책임감

　(2) 유연

① 다양성 존중

② 상호협력

③ 창의성

　(3) 도전

① 도전적인 목표 설정

② 지속적 변화추구

③ 끈기 있는 도전

　(4) 탁월

① 최고에 대한 열정

② 역량발휘

③ 성과추구

2 인사제도

구성원이 창의성과 역량을 자발적으로 발휘할 수 있도록 성과 중심의 공정한 인사 관리와 수평적이고 유연한 조직문호를 추구한다.

(1) 보상

− 국재 제조업계 중 최고 수준의 급여 지급

− 경영 성과에 따른 특별 성과급 지급

− 인사 고과에 따른 개인인센티브 지급 및 연봉 차등 조정

(2) 승진

− 수평적 조직문화 조성을 위한 역량 중심 직위 체계

− 역량 중심의 조직장 선임

(3) 직무순환

− 구성원의 역량과 희망을 모두 고려한 직무 부여 및 순환

− 최초 부서배치 : 개인 별 면담을 통한 본인 희망/적성 확인 및 반영

− 직무 순화 : 구성원이 자신의 경력 개발 계획 설계

(4) 조직문화

− 자율복장제 : 시간/장소/상황을 고려한 전 요일 자율 복장

− 자율출퇴근제 : 08:00~10:00 중 출근하여 8시간 근무

※ 여수 공장 별도

3 채용절차

(1) 일반직(신입)

지원서 접수 → 집합테스트 → AI면접 → 실무 면접 → 최종 면접

(2) 일반직(경력)

지원서 접수 → 인성검사(온라인) → AI면접 → 실무 면접(온라인) → 최종 면접

(3) 생산기술직

지원서 접수 → 집합 테스트 → AI면접 → 1차 면접 → 2차 면접 → 직업훈련

- 지원서 접수 : 채용 사이트에서 공고 확인 후, 입사지원서 작성
- 집합테스트
  - 일반직(신입) : GSC Way 부합도 검사, 직무능력검사, 한국사
  - 생산기술직 : GSC Way 부합도 검사, 직무능력검사, 한국사

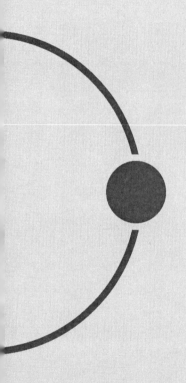

PART

II

인성검사

인성검사의 이해

01 허구성 척도의 질문을 파악한다.

인성검사의 질문에는 허구성 척도를 측정하기 위한 질문이 숨어있음을 유념해야 한다. 예를 들어 '나는 지금까지 거짓말을 한 적이 없다.' '나는 한 번도 화를 낸 적이 없다.' '나는 남을 헐뜯거나 비난한 적이 한 번도 없다.' 이러한 질문이 있다고 가정해보자. 상식적으로 보통 누구나 태어나서 한번은 거짓말을 한 경험은 있을 것이며 화를 낸 경우도 있을 것이다. 또한 대부분의 구직자가 자신을 좋은 인상으로 포장하는 것도 자연스러운 일이다. 따라서 허구성을 측정하는 질문에 다소 거짓으로 '그렇다'라고 답하는 것은 전혀 문제가 되지 않는다. 하지만 지나치게 좋은 성격을 염두에 두고 허구성을 측정하는 질문에 전부 '그렇다'고 대답을 한다면 허구성 척도의 득점이 극단적으로 높아지며 이는 검사항목전체에서 구직자의 성격이나 특성이 반영되지 않았음을 나타내 불성실한 답변으로 신뢰성이 의심받게 되는 것이다. 다시 한 번 인성검사의 문항은 각 개인의 특성을 알아보고자 하는 것으로 절대적으로 옳거나 틀린 답이 없으므로 결과를 지나치게 의식하여 솔직하게 응답하지 않으면 과장 반응으로 분류될 수 있음을 기억하자!

02 '대체로', '가끔' 등의 수식어를 확인한다.

'대체로', '종종', '가끔', '항상', '대개' 등의 수식어는 대부분의 인성검사에서 자주 등장한다. 이러한 수식어가 붙은 질문을 접했을 때 구직자들은 조금 고민하게 된다. 하지만 아직 답해야 할 질문들이 많음을 기억해야 한다. 다만, 앞에서 '가끔', '때때로'라는 수식어가 붙은 질문이 나온다면 뒤에는 '항상', '대체로'의 수식어가 붙은 내용은 똑같은 질문이 이어지는 경우가 많다. 따라서 자주 사용되는 수식어를 적절히 구분할 줄 알아야 한다.

03 솔직하게 있는 그대로 표현한다.

인성검사는 평범한 일상생활 내용들을 다룬 짧은 문장과 어떤 대상이나 일에 대한 선호를 선택하는 문장으로 구성되었으므로 평소에 자신이 생각한 바를 너무 골똘히 생각하지 말고 문제를 보는 순간 떠오른 것을 표현한다. 또한 간혹 반복되는 문제들이 출제되기 때문에 일관성 있게 답하지 않으면 감점될 수 있으므로 유의한다.

04 모든 문제를 신속하게 대답한다.

인성검사는 시간제한이 없는 것이 원칙이지만 기업체들은 일정한 시간제한을 두고 있다. 인성검사는 개인의 성격과 자질을 알아보기 위한 검사이기 때문에 정답이 없다. 다만, 기업체에서 바람직하게 생각하거나 기대되는 결과가 있을 뿐이다. 따라서 시간에 쫓겨서 대충 대답을 하는 것은 바람직하지 못하다.

05 자신의 성향과 사고방식을 미리 정리한다.

기업의 인재상을 기초로 하여 일관성, 신뢰성, 진실성 있는 답변을 염두에 두고 꼼꼼히 풀다보면 분명 시간의 촉박함을 느낄 것이다. 따라서 각각의 질문을 너무 골똘히 생각하거나 고민하지 말자. 대신 시험 전에 여유 있게 자신의 성향이나 사고방식에 대해 정리해보는 것이 필요하다.

06 마지막까지 집중해서 검사에 임한다.

장시간 진행되는 검사에 지칠 수 있으므로 마지막까지 집중해서 정확히 답할 수 있도록 해야 한다.

실전 인성검사

※ 인성검사는 응시자의 개인성향을 파악하기 위한 자료이므로 별도의 정답이 존재하지 않습니다.

┃1~104┃ 다음 주어진 내용 중에서 자신과 가장 가깝다고 생각하는 것은 'ㄱ'에 표시하고, 자신과 가장 멀다고 생각하는 것은 'ㅁ'에 표시하시오.

1　① 나는 식욕이 늘 좋은 편이다.
　　② 아침에 일어나면 항상 상쾌하고 잘 쉬었다는 기분이 든다.
　　③ 작은 소리에도 쉽게 잠을 깬다.
　　④ 신문기사를 읽는 것을 좋아한다.

| ㄱ | ① | ② | ③ | ④ |
| ㅁ | ① | ② | ③ | ④ |

2　① 나의 손발은 대체로 따뜻하다.
　　② 나의 일상생활은 늘 흥미로운 일로 가득 차 있다.
　　③ 나의 주변은 바람 잘 날이 없다.
　　④ 지금도 예전만큼 건강하다고 생각한다.

| ㄱ | ① | ② | ③ | ④ |
| ㅁ | ① | ② | ③ | ④ |

3　① 목에 무언가 걸린 듯한 느낌이 들 때가 있다.
　　② 사람들은 내게 트집을 잡는 편이다.
　　③ 추리소설보다 연애소설을 더 좋아한다.
　　④ 변비로 고생한 적이 거의 없다.

| ㄱ | ① | ② | ③ | ④ |
| ㅁ | ① | ② | ③ | ④ |

4　① 매일을 긴장 속에서 살고 있다.
　　② 입 밖에 낼 수 없을 정도의 나쁜 생각을 할 때가 가끔 있다.
　　③ 내 팔자는 확실히 사나운 것 같다.
　　④ 가끔 도저히 참을 수 없는 웃음이 날 때가 있다.

| ㄱ | ① | ② | ③ | ④ |
| ㅁ | ① | ② | ③ | ④ |

5
① 나에게 나쁜 짓을 하면 반드시 보복해야 직성이 풀린다.
② 가끔 집을 떠나고 싶다는 생각이 든다.
③ 아무도 나를 이해해 주지 않는 것 같다.
④ 곤경에 처했을 경우 입을 다물고 있는 것이 상책이라고 본다.

| ㄱ | ① ② ③ ④ |
| ㅁ | ① ② ③ ④ |

6
① 정말 싫은 사람이 항상 내 주변에 나타난다.
② 가끔 귀신을 보는 것 같다.
③ 연예인이 되고 싶다고 생각할 때가 있다.
④ 위기나 어려움에 맞서기를 피한다.

| ㄱ | ① ② ③ ④ |
| ㅁ | ① ② ③ ④ |

7
① 새롭게 일을 시작하기가 매우 힘들다.
② 일주일에 몇 번 소화불량에 걸린다.
③ 욕을 잘하는 편이다.
④ 악몽에 시달리는 편이다.

| ㄱ | ① ② ③ ④ |
| ㅁ | ① ② ③ ④ |

8
① 한 가지 일에 정신을 집중하기가 어렵다.
② 남들이 하지 못한 기이한 경험을 한 적이 있다.
③ 건강에 대해서는 염려하지 않는다.
④ 아는 사람이라도 먼저 말을 걸어오지 않는 한 먼저 말을 걸지 않는다.

| ㄱ | ① ② ③ ④ |
| ㅁ | ① ② ③ ④ |

9   ① 어렸을 때 남의 물건을 훔친 적이 있다.

② 내 친구들은 모두 건강하다.

③ 화가 나서 무엇인가를 부셔버린 적이 있다.

④ 언제나 진실만을 말하지는 않는다.

ㄱ	①	②	③	④
ㅁ	①	②	③	④

10   ① 잠을 깊이 들지 못하고 선잠을 잔다.

② 가끔 이유 없이 두통을 느낄 때가 있다.

③ 내 판단력은 정확하다고 생각한다.

④ 가슴이 아파 고생한 적이 있다.

ㄱ	①	②	③	④
ㅁ	①	②	③	④

11   ① 참을성을 잃을 때가 가끔 있다.

② 이유 없이 몸이 근질거리거나 화끈거릴 때가 있다.

③ 가만히 앉아서 공상에 잠기는 걸 좋아한다.

④ 나는 매우 사교적인 사람이다.

ㄱ	①	②	③	④
ㅁ	①	②	③	④

12   ① 나보다 지식이 없는 사람에게 명령을 받는 것은 싫다.

② 나는 지금껏 올바른 삶을 살았다고 생각한다.

③ 다음 생애에는 다른 성으로 태어나고 싶다.

④ 소설보다 시를 더 좋아한다.

ㄱ	①	②	③	④
ㅁ	①	②	③	④

13
① 가족들은 내가 하는 일을 좋아하지 않는다.
② 나는 남들보다 불행하다고 생각한다.
③ 타인에게 동정이나 도움을 받는 것은 싫다.
④ 나는 중요한 사람이라고 생각한다.

| ㄱ | ① | ② | ③ | ④ |
| ㅁ | ① | ② | ③ | ④ |

14
① 동물을 못살게 군 적이 있다.
② 사람들이 지키지도 않는 법률은 없애는 것이 낫다고 생각한다.
③ 언제나 기분이 우울한 편이다.
④ 기분이 좋지 않을 때는 짜증을 내는 편이다.

| ㄱ | ① | ② | ③ | ④ |
| ㅁ | ① | ② | ③ | ④ |

15
① 남들이 놀려도 개의치 않는다.
② 억지로 일을 하는 것은 시간낭비라고 생각한다.
③ 나는 논쟁에서 쉽게 궁지에 몰린다.
④ 다른 사람에 비해 자신감이 부족한 편이다.

| ㄱ | ① | ② | ③ | ④ |
| ㅁ | ① | ② | ③ | ④ |

16
① 인생은 살 만한 가치가 있다고 생각한다.
② 사람들을 납득시키기 위해서는 논쟁을 해야 한다.
③ 오늘 할 일을 내일로 미루는 편이다.
④ 후회할 일을 한 적이 많다.

| ㄱ | ① | ② | ③ | ④ |
| ㅁ | ① | ② | ③ | ④ |

17
① 이유 없이 근육이 경련을 일으킨 적이 가끔 있다.
② 남보다 앞서나가기 위해 거짓말을 할 수 있다.
③ 가족들과 말다툼을 한 적이 없다.
④ 충동적으로 일을 시작하는 편이다.

ㄱ	①	②	③	④
ㅁ	①	②	③	④

18
① 파티나 모임에 가는 것을 좋아한다.
② 선택의 여지가 너무 많아 결정을 내리지 못한 적이 있다.
③ 살찌지 않기 위해 먹은 것을 토한 적이 있다.
④ 나 자신과의 싸움이 가장 힘든 싸움이라 생각한다.

ㄱ	①	②	③	④
ㅁ	①	②	③	④

19
① 게임은 내기를 해야 더 재미있다.
② 나에게 무슨 일이 일어나건 상관하지 않는 편이다.
③ 내 주위 사람들은 모두 나만큼 유능한 사람들이다.
④ 나는 늘 행복하다고 느낀다.

ㄱ	①	②	③	④
ㅁ	①	②	③	④

20
① 나는 다른 사람에게는 보이지 않는 것을 볼 수 있다.
② 이유 없이 화를 자주 내는 편이다.
③ 누군가가 나를 헤치려한다는 느낌을 받을 때가 있다.
④ 스릴을 맛보기 위해 위험한 행동을 한 적이 있다.

21
① 내 말투는 항상 동일하다.
② 집에서 식사를 할 때는 식사예절을 잘 지키지 않는 편이다.
③ 사람들은 들키는 게 두려워 거짓말을 하지 않는 것이라고 생각한다.
④ 학교 다닐 때 나쁜 짓을 하여 교무실에 불려간 적이 있다.

ㄱ	①	②	③	④
ㅁ	①	②	③	④

22
① 이득이 된다면 부당한 수단을 사용해도 된다.
② 능력이 있고 열심히 일한다면 누구나 성공할 것이라고 믿는다.
③ 내가 곤경에 처하면 다른 사람 때문이라고 생각한다.
④ 피를 보면 놀란다.

ㄱ	①	②	③	④
ㅁ	①	②	③	④

23
① 옳다고 생각하는 일은 밀고 나가야 한다.
② 누군가 나에게 잘해 주면 숨은 의도가 있다고 생각한다.
③ 나는 사후의 세계가 존재한다고 믿는다.
④ 결정을 빨리 하지 못해 기회를 놓친 적이 많다.

ㄱ	①	②	③	④
ㅁ	①	②	③	④

24
① 중요한 일은 남들의 조언을 듣고 결정하는 편이다.
② 매일 매일 일기를 쓴다.
③ 법을 지키지 않는 사람은 벌 받아 마땅하다고 생각한다.
④ 비판이나 꾸지람을 받으면 속이 몹시 상한다.

ㄱ	①	②	③	④
ㅁ	①	②	③	④

25
① 음식을 만드는 것을 좋아한다.
② 내 행동은 주위 사람들의 행동에 의해 좌우되는 편이다.
③ 나는 가끔 쓸모없는 인간이라고 느낀다.
④ 게임에서는 지기보다는 이기고 싶다.

| ㄱ | ① | ② | ③ | ④ |
| ㅁ | ① | ② | ③ | ④ |

26
① 누군가에게 주먹다짐을 하고 싶을 때가 있다.
② 누가 내 뒤를 몰래 따라다닌다고 느낄 때가 있다.
③ 나는 눈물이 많은 편이다.
④ 지난 몇 년간 체중이 늘지도 줄지도 않았다.

| ㄱ | ① | ② | ③ | ④ |
| ㅁ | ① | ② | ③ | ④ |

27
① 술을 마시거나 마약을 사용한 적이 있다.
② 쉽게 피곤을 느끼는 편이다.
③ 남들에게 속았다는 생각이 들면 분노를 참지 못한다.
④ 나는 하루하루가 즐겁다고 느낀다.

| ㄱ | ① | ② | ③ | ④ |
| ㅁ | ① | ② | ③ | ④ |

28
① 높은 곳에서 아래를 보면 겁이 난다.
② 법적인 문제에 말려들어도 긴장하지 않는다.
③ 뱀을 무서워하지 않는다.
④ 남이 나를 어떻게 생각하든 신경 쓰지 않는다.

| ㄱ | ① | ② | ③ | ④ |
| ㅁ | ① | ② | ③ | ④ |

29
① 남들 앞에서 장기자랑 하는 것이 불편하다.
② 학교를 결석한 적이 없다.
③ 수줍음을 많이 타는 편이다.
④ 거지에게 돈을 주는 것을 반대한다.

| ㄱ | ① | ② | ③ | ④ |
| ㅁ | ① | ② | ③ | ④ |

30
① 나는 여러 종류의 놀이와 오락을 즐긴다.
② 오랫동안 글을 읽어도 눈이 피로해지지 않는다.
③ 처음 만나는 사람과 대화하기가 어렵다.
④ 행동한 후에 내가 무엇을 했는지 몰랐던 때가 있다.

| ㄱ | ① | ② | ③ | ④ |
| ㅁ | ① | ② | ③ | ④ |

31
① 손 놀리기가 거북하거나 어색한 때가 있다.
② 정신이 나가거나 자제력을 잃을까봐 두렵다.
③ 당황하면 땀이 나서 몹시 불쾌해진다.
④ 무엇을 하려고 하면 손이 떨릴 때가 있다.

| ㄱ | ① | ② | ③ | ④ |
| ㅁ | ① | ② | ③ | ④ |

32
① 내 정신 상태는 멀쩡하다.
② 알레르기나 천식이 없다.
③ 언제나 온몸에 기운이 넘친다.
④ 내가 아는 사람을 다 좋아하지는 않는다.

| ㄱ | ① | ② | ③ | ④ |
| ㅁ | ① | ② | ③ | ④ |

33
① 나는 자살을 생각해 본 적이 있다.
② 농담이나 애교로 이성의 관심을 살 수 있다.
③ 내 주변 사람들은 아직 나를 어린애 취급한다.
④ 신체적인 이상 때문에 여가생활을 즐기기 어렵다.

| ㄱ | ① | ② | ③ | ④ |
| ㅁ | ① | ② | ③ | ④ |

34
① 친구에게 도움을 청하는 것이 별로 어렵지 않다.
② 나는 독립심이 강한 편이다.
③ 남에 대한 험담이나 잡담을 한다.
④ 길을 걸을 때 금을 밟지 않으려고 신경 쓴 적이 있다.

| ㄱ | ① | ② | ③ | ④ |
| ㅁ | ① | ② | ③ | ④ |

35
① 다른 집에 비해 우리 집은 화목하다.
② 쓸데없는 걱정을 하는 편이다.
③ 한 번도 가보지 않은 곳을 가보는 것을 좋아한다.
④ 고민은 털어버리지 못하고 계속 집착한다.

| ㄱ | ① | ② | ③ | ④ |
| ㅁ | ① | ② | ③ | ④ |

36
① 한 곳에 오래 앉아 있지를 못한다.
② 나의 외모에 대해 별로 걱정하지 않는다.
③ 나는 아픈 데가 거의 없다.
④ 세상을 내 손 안에 다 넣은 것처럼 행복하다.

| ㄱ | ① | ② | ③ | ④ |
| ㅁ | ① | ② | ③ | ④ |

37
① 나는 쉽게 화를 내고 쉽게 풀어진다.
② 집을 나설 때 문단속을 철저히 한다.
③ 부모님은 나를 사랑한다.
④ 나의 물건을 남에게 빼앗기는 것을 정말 싫어한다.

ㄱ	①	②	③	④
ㅁ	①	②	③	④

38
① 서로 농담을 주고받는 사람들과 함께 있는 것이 좋다.
② 사랑에 실망한 적이 있다.
③ 남보다 늦게 깨우치는 편이다.
④ 신선한 날에도 땀을 잘 흘린다.

ㄱ	①	②	③	④
ㅁ	①	②	③	④

39
① 일주일에 한 번 혹은 그 이상 나는 흥분을 한다.
② 잘못된 행동을 하는 사람과도 나는 친해질 수 있다.
③ 피부 한두 군데가 무감각하다.
④ 어수룩한 사람을 이용하는 자를 나는 탓하지 않는다.

ㄱ	①	②	③	④
ㅁ	①	②	③	④

40
① 무슨 일이든 쉽게 시작하기가 어렵다.
② 물을 자주 많이 마시는 편이다.
③ 사람들은 자신에게 도움이 될 것 같아서 친구를 만든다.
④ 내가 사랑하는 가족들이라도 가끔 미워지기도 한다.

ㄱ	①	②	③	④
ㅁ	①	②	③	④

41 ① 기분이 울적해도 신나는 일이 생기면 기분이 풀린다.

② 술을 많이 마셔 실수를 한 적이 있다.

③ 곤경에 빠져 나오기 위해 거짓말을 할 수 있다고 본다.

④ 남들보다 민감한 편이다.

ㄱ	①	②	③	④
ㅁ	①	②	③	④

42 ① 음식의 맛을 정확하게 느끼기 어렵다.

② 다른 사람들에 비해 감성적인 편이다.

③ 나는 누구를 사랑해 본 적이 없다.

④ 사람들과 함께 있어도 늘 외로움을 느낀다.

ㄱ	①	②	③	④
ㅁ	①	②	③	④

43 ① 남들로부터 이해와 관심을 받아야 행복하다.

② 잘하지 못하는 게임은 아예 하지 않는다.

③ 쉽게 친구를 사귀는 편이다.

④ 주위에 사람이 오는 것이 싫다.

ㄱ	①	②	③	④
ㅁ	①	②	③	④

44 ① 법적인 일로 말썽을 일으킨 적이 없다.

② 중요하지도 않는 생각으로 며칠씩 고생한 적이 있다.

③ 돈에 대한 걱정을 많이 한다.

④ 과민하게 반응하는 나만의 비밀이 있다.

ㄱ	①	②	③	④
ㅁ	①	②	③	④

45　① 감기에 걸려도 약을 먹지 않는다.

　② 부당하다고 생각되는 일은 절대 하지 않는다.

　③ 한 가지 일에 마음을 집중할 수 없다.

　④ 내가 하고 싶은 일도 남들이 대단치 않게 여기면 포기해 버린다.

ㄱ	①	②	③	④
ㅁ	①	②	③	④

46　① 어떤 것이나 어떤 사람에 대해 언제나 불안을 느낀다.

　② 차라리 죽어 버렸으면 하고 바랄 때가 많다.

　③ 너무 흥분이 되어 잠을 이루기 힘든 때가 가끔 있다.

　④ 다른 사람에 비해 나는 걱정거리가 많다.

ㄱ	①	②	③	④
ㅁ	①	②	③	④

47　① 나에 관해 누군가 수근 거릴 거라 생각이 든다.

　② 소리가 너무 잘 들려 괴울 때가 있다.

　③ 가족들은 필요 이상으로 나의 결점을 찾아낸다.

　④ 나는 쉽게 당황한다.

ㄱ	①	②	③	④
ㅁ	①	②	③	④

48　① 길을 걷다가 싫어하는 사람이 보이면 길을 건너가 버릴 때가 있다.

　② 모든 것이 현실이 아닌 것처럼 느껴질 때가 가끔 있다.

　③ 별로 중요하지도 않은 것들을 세어보는 버릇이 있다.

　④ 남의 말은 잘 듣지 않는 편이다.

ㄱ	①	②	③	④
ㅁ	①	②	③	④

49
① 사람들이 나에 대해 모욕적인 말을 한 것을 들은 적이 있다.
② 기대 이상으로 친절하게 구는 사람은 경계한다.
③ 집을 나설 때는 항상 불안하고 걱정스럽다.
④ 특별한 이유 없이 명랑한 기분이 들 때가 있다.

ㄱ	①	②	③	④
ㅁ	①	②	③	④

50
① 혼자 있을 때면 가끔 이상한 소리가 들린다.
② 게으른 편이라고 생각한다.
③ 비가 오지 않으면 우산을 가지고 다니지 않는다.
④ 1인자 보다 조력자의 역할을 더 좋아한다.

ㄱ	①	②	③	④
ㅁ	①	②	③	④

51
① 의리를 지키는 타입이다.
② 모든 일에 리드를 하는 편이다.
③ 신중함이 부족해서 후회를 한 적이 있다.
④ 어떠한 일에도 의욕적으로 임하는 편이다.

ㄱ	①	②	③	④
ㅁ	①	②	③	④

52
① 무섭게 생긴 동물이나 물건에 대해 두려움을 느낀 적이 있다.
② 사람들이 모여 있는 방에 불쑥 들어가는 것이 어렵다.
③ 나는 사람들에 대해 쉽게 참을성을 잃는다.
④ 성급하다는 소리를 자주 듣는다.

ㄱ	①	②	③	④
ㅁ	①	②	③	④

53
① 다른 사람들보다 정신을 집중하기가 더 어렵다.
② 내 능력이 보잘 것 없어 일을 포기한 적이 여러 번 있다.
③ 나쁜 말이나 끔찍한 일들이 머릿속에 쉽게 떠나지 않는다.
④ 사람들이 내게 한 말을 금방 잊어버린다.

| ㄱ | ① | ② | ③ | ④ |
| ㅁ | ① | ② | ③ | ④ |

54
① 안 좋은 일이 생기면 민감하게 반응하는 성향이 있다.
② 기차나 버스에서 낯선 사람과 이야기 할 수 있다.
③ 꿈에서 알려 주는 지시나 경고를 무시하지 않는다.
④ 나에게는 적이 없다.

| ㄱ | ① | ② | ③ | ④ |
| ㅁ | ① | ② | ③ | ④ |

55
① 모임에서 혼자 또는 단둘이 있는 때가 많다.
② 어떤 일을 모면하기 위해 꾀병을 부린 적이 있다.
③ 일이 잘못되어 갈 때는 바로 포기해 버린다.
④ 사람들에게 상처를 준 적이 없다.

| ㄱ | ① | ② | ③ | ④ |
| ㅁ | ① | ② | ③ | ④ |

56
① 아이들을 좋아하는 편이다.
② 적은 돈을 걸고 하는 노름은 나쁘지 않다고 생각한다.
③ 세상의 모든 전문가가 실제로 뛰어나다고는 생각하지 않는다.
④ 다시 어린 시절로 되돌아가고 싶을 때가 많다.

| ㄱ | ① | ② | ③ | ④ |
| ㅁ | ① | ② | ③ | ④ |

57　① 기회만 주어진다면 나는 훌륭한 선생님이 될 수 있을 것 같다.

　　② 일단 시작한 일은 잠깐 동안이라도 손을 떼기가 어렵다.

　　③ 낯선 사람과 만나는 것을 개의치 않는다.

　　④ 누군가가 나에게 충고를 하면 화가 먼저 난다.

ㄱ	①	②	③	④
ㅁ	①	②	③	④

58　① 사람들은 종종 나를 실망시킨다.

　　② 명랑한 친구들과 있으면 근심이 사라져버리는 것 같다.

　　③ 춤추는 것을 좋아한다.

　　④ 내 생각을 남에게 알려주는 것을 좋아한다.

ㄱ	①	②	③	④
ㅁ	①	②	③	④

59　① 술에 취했을 때만 솔직해 질 수 있다.

　　② 집을 영원히 떠날 때가 오기를 간절히 바란다.

　　③ 물을 무서워하지 않는다.

　　④ 지금의 나 자신에게 만족하지 않는다.

ㄱ	①	②	③	④
ㅁ	①	②	③	④

60　① 비싼 옷을 입어보고 싶다.

　　② 확 트인 곳에 혼자 있는 것이 두렵다.

　　③ 실내에 있으면 불안하다.

　　④ 쉽사리 화를 내지 않는다.

ㄱ	①	②	③	④
ㅁ	①	②	③	④

61
① 나는 과거에 아무에게도 말하지 못할 나쁜 짓을 저질렀다.
② 개인적인 질문을 받으면 나는 초조하고 불안해진다.
③ 장래 계획을 세울 수 없을 것 같다.
④ 군중 속에서 느끼는 흥분을 즐긴다.

| ㄱ | ① | ② | ③ | ④ |
| ㅁ | ① | ② | ③ | ④ |

62
① 짜증내거나 투덜대고 난 후 후회하는 일이 종종 있다.
② 실제로 법을 어기지 않는 한, 법을 슬쩍 피해가는 것도 괜찮다.
③ 남들의 인생철학은 듣고 싶지 않다.
④ 친한 사람들과 심각하게 의견이 대립될 때가 자주 있다.

| ㄱ | ① | ② | ③ | ④ |
| ㅁ | ① | ② | ③ | ④ |

63
① 주변에서 일어나는 일 때문에 종종 기분이 상한다.
② 일이 아주 안 풀릴 때 가족으로부터 도움을 받을 수 있다고 생각한다.
③ 매를 많이 맞은 적이 있다.
④ 되도록 사람이 많은 곳은 가기를 피한다.

| ㄱ | ① | ② | ③ | ④ |
| ㅁ | ① | ② | ③ | ④ |

64
① 내가 한 말이 남에게 상처를 주지 않았는가 하는 걱정을 한다.
② 나에 관한 모든 것을 누구에게도 말할 수 없는 것 같다.
③ 사람들의 의도를 종종 오해할 때가 있다.
④ 침착하고 쉽게 감정적으로 행동하지 않는다.

| ㄱ | ① | ② | ③ | ④ |
| ㅁ | ① | ② | ③ | ④ |

65　① 실망하면 타격이 너무 커서 그것을 떨쳐 버릴 수가 없다.

② 새치기하는 사람을 보면 불쾌해져서 당사자에게 한 마디 하는 편이다.

③ 무례하고 성가시게 구는 사람에게는 거칠게 대해야 한다고 본다.

④ 언제 닥칠지도 모를 불행에 대해 걱정을 한다.

ㄱ	①	②	③	④
ㅁ	①	②	③	④

66　① 남들로부터 칭찬을 들으면 불편해진다.

② 몸으로 하는 일을 좋아한다.

③ 불에 매혹 당한다.

④ 궁지에 몰렸을 때 나는 불리한 것은 말하지 않는다.

ㄱ	①	②	③	④
ㅁ	①	②	③	④

67　① 죄를 지은 사람은 엄벌을 받아야 한다고 생각한다.

② 좋은 아이디어가 쉽게 잘 떠오른다.

③ 가족 중에 성미가 급한 사람이 있다.

④ 이미 내린 결정도 다른 사람이 뭐라고 하면 쉽게 바꾸어 버린다.

ㄱ	①	②	③	④
ㅁ	①	②	③	④

68　① 남들이 나를 재촉하면 화가 난다.

② 여유 시간을 거의 혼자서 보내는 편이다.

③ 산 속에 혼자 살면 행복할 것 같다.

④ 나에게는 도저히 고칠 수 없는 나쁜 버릇이 한두 가지 있다.

69
① 나는 잘하는 것이 없다.
② 나는 고집이 매우 세다.
③ 나에게 일어나는 일들은 나에게는 책임이 없다.
④ 정신질환은 의지가 약한 것이라고 생각한다.

ㄱ	①	②	③	④
ㅁ	①	②	③	④

70
① 중요한 결정을 내릴 때 나는 무기력해진다.
② 사적인 문제는 혼자 간직해야 한다고 생각한다.
③ 해결해야 할 문제가 있으면 남들에게 주도권을 넘겨 버린다.
④ 아플 때조차도 병원에 가는 것이 싫다.

ㄱ	①	②	③	④
ㅁ	①	②	③	④

71
① 여행을 가는 것을 좋아한다.
② 문제가 있을 때 누군가와 이야기하고 나면 기분이 좋아진다.
③ 사람들은 내가 매력적이라 생각하지 않는다.
④ 규칙을 어기더라도 자신의 신념에 따라야 한다.

ㄱ	①	②	③	④
ㅁ	①	②	③	④

72
① 내가 만지면 종종 물건이나 기계가 망가진다.
② 사람들은 내게 그다지 친절하지 않다.
③ 나는 모든 사람들과 사이좋게 지낸다.
④ 내가 원하는 대로 일이 이루어지지 않으면 화를 낸다.

ㄱ	①	②	③	④
ㅁ	①	②	③	④

73
① 상스러운 욕을 하여 남들을 가끔 놀라게 한다.
② 술을 마시고 싸움을 한 적이 있다.
③ 가출한 적이 있다.
④ 곤경에 빠지지 않기 위해 거짓말을 한 적이 있다.

| ㄱ | ① | ② | ③ | ④ |
| ㅁ | ① | ② | ③ | ④ |

74
① 친한 친구가 없다.
② 기침을 자주 하는 편이다.
③ 혼자만의 비밀이 많다.
④ 남들과 있을 때는 조용한 편이다.

| ㄱ | ① | ② | ③ | ④ |
| ㅁ | ① | ② | ③ | ④ |

75
① 비밀을 나눌 수 있는 친한 친구가 있다.
② 친구들이 하라고 해서 나쁜 일을 한 적이 있다.
③ 아주 쉽게 결정을 내리는 편이다.
④ 겁이 거의 없다.

| ㄱ | ① | ② | ③ | ④ |
| ㅁ | ① | ② | ③ | ④ |

76
① 사소한 실패도 머릿속을 떠나지 않아 잠을 설친다.
② 싸움을 해도 금방 화해하는 편이다.
③ 다른 사람에게 내 물건을 빌려주는 것이 정말 싫다.
④ 많은 사람들의 주목을 받으면 당황한다.

| ㄱ | ① | ② | ③ | ④ |
| ㅁ | ① | ② | ③ | ④ |

77
① 나는 외향적인 사람이다.
② 대인관계가 서투르고 약삭빠르지 못하다.
③ 계산에 밝은 사람이다.
④ 상황을 빨리 파악하는 편이다.

ㄱ	①	②	③	④
ㅁ	①	②	③	④

78
① 남의 기분을 상하지 않게 하기 위해 노력하는 편이다.
② 나는 허세부리는 사람이 싫다.
③ 나는 허세가 있는 편이다.
④ 나는 동정심이 강하다.

ㄱ	①	②	③	④
ㅁ	①	②	③	④

79
① 타인의 충고를 기꺼이 받아들인다.
② 친구의 영향을 받기 쉽다.
③ 모든 일에 충동적인 편이다.
④ 나는 자립심이 강한 편이다.

ㄱ	①	②	③	④
ㅁ	①	②	③	④

80
① 전화나 이메일을 자주 확인하는 편이 아니다.
② 규칙적으로 하는 운동이 있다.
③ 계획에 맞춰서 모든 것을 하는 편이다.
④ 현재 나의 조건은 절망적이라 생각한다.

ㄱ	①	②	③	④
ㅁ	①	②	③	④

81

① 나는 반드시 성공해야 한다.

② 내 자신의 약점을 숨기는 편이다.

③ 실패한다는 것은 나에게는 치욕이다.

④ 나는 친구로서 연인으로서 완벽해야 한다고 생각한다.

ㄱ	①	②	③	④
ㅁ	①	②	③	④

82

① 나는 능력이 충분히 많다고 생각한다.

② 나는 모든 것을 예견하면서 살아왔다.

③ 나는 분노를 싫어한다.

④ 나는 종종 못 생겼다고 생각한다.

ㄱ	①	②	③	④
ㅁ	①	②	③	④

83

① 세상은 위험한 곳이라고 생각한다.

② 내 옆에 든든한 사람이 없으면 항상 두렵다.

③ 문제에 대해 걱정을 하지 않으면 항상 일이 꼬인다.

④ 항상 모든 일에 완벽해지려고 노력하는 편이다.

ㄱ	①	②	③	④
ㅁ	①	②	③	④

84

① 문제는 항상 시간이 해결해 줄 거라 믿는다.

② 나는 혼자 여행하기를 좋아한다.

③ 변화를 주는 것을 싫어한다.

④ 내 능력을 과소평가하여 일을 포기한 적이 있다.

ㄱ	①	②	③	④
ㅁ	①	②	③	④

85

① 일이 조금만 잘못되어도 무조건 화부터 낸다.

② 쉽게 초조하거나 안달하는 편이다.

③ 남의 도움을 받기 위해 마음에도 없는 말을 하기도 한다.

④ 어려운 사람을 보면 도와줘야 한다고 생각한다.

ㄱ	①	②	③	④
ㅁ	①	②	③	④

86

① 다른 사람과 다툰 후 먼저 사과하는 편이다.

② 나는 무슨 일이든 작심삼일인 경우가 많다.

③ 어려운 일에 부딪혀도 좀처럼 좌절하지 않는다.

④ 나는 매사에 빈틈이 없는 편이다.

ㄱ	①	②	③	④
ㅁ	①	②	③	④

87

① 나는 경험으로써 모든 것을 판단한다.

② 나는 사건의 원인과 결과를 쉽게 파악한다.

③ 나는 능력 있다는 소릴 듣는 것을 좋아한다.

④ 나의 결정에 대해 잘 변경하지 않는 편이다.

ㄱ	①	②	③	④
ㅁ	①	②	③	④

88

① 조직적인 분위기에 잘 적응하는 편이다.

② 갈등해소와 극복을 위해 무단히 노력하는 편이다.

③ 모든 일을 여유 있게 대비하는 타입이다.

④ 유행에 민감하다고 생각한다.

ㄱ	①	②	③	④
ㅁ	①	②	③	④

89
① 현실을 직시하는 편이다.
② 타인의 일에는 별로 관심이 없다.
③ 다른 사람의 소문에 관심이 많다.
④ 친구들의 휴대전화 번호를 모두 외운다.

| ㄱ | ① | ② | ③ | ④ |
| ㅁ | ① | ② | ③ | ④ |

90
① 사람과 만날 약속을 하는 것은 즐겁다.
② 질문을 받으면 그 때의 기분으로 바로 대답하는 성격이다.
③ 땀을 흘리는 것보다 머리를 쓰는 일이 좋다.
④ 사교적인 타입이라고 생각한다.

| ㄱ | ① | ② | ③ | ④ |
| ㅁ | ① | ② | ③ | ④ |

91
① 평범하고 평온하게 행복한 인생을 살고 싶다.
② 이것저것 평하는 것이 싫다.
③ 내일의 계획은 미리 세우는 편이다.
④ 나는 비교적 보수적이다.

| ㄱ | ① | ② | ③ | ④ |
| ㅁ | ① | ② | ③ | ④ |

92
① 규칙을 잘 지키려고 노력한다.
② 상식적인 판단을 할 수 있는 타입이라고 생각한다.
③ 가능성보다는 현실을 먼저 생각한다.
④ 나만의 가치 기준이 확고하다.

| ㄱ | ① | ② | ③ | ④ |
| ㅁ | ① | ② | ③ | ④ |

93
① 사물에 대해 가볍게 생각하는 편이다.
② 분석적이고 논리적인 편이다.
③ 단념하는 것은 반드시 필요한 것이라고 생각한다.
④ 결과보다는 과정을 중요시한다.

ㄱ	①	②	③	④
ㅁ	①	②	③	④

94
① 자신의 능력 밖의 일을 하지 않는 것이 좋다.
② 스트레스 해소를 위해 집에서 조용히 휴식을 취한다.
③ 남의 앞에 나서는 것을 좋아하지 않는다.
④ 약속시간에는 항상 여유 있게 도착하는 편이다.

ㄱ	①	②	③	④
ㅁ	①	②	③	④

95
① 모든 일에 유연하게 대응하는 편이다.
② 같은 일을 계속하여도 잘 하지 못한다.
③ 적은 친구랑 깊게 사귀는 편이다.
④ 체험을 중요하게 생각한다.

ㄱ	①	②	③	④
ㅁ	①	②	③	④

96
① 돈이 없으면 걱정이 된다.
② 남들보다 손재주가 뛰어나다.
③ 남의 주목을 받고 싶어 하는 편이다.
④ 다수결의 의견에 따르는 편이다.

ㄱ	①	②	③	④
ㅁ	①	②	③	④

97
① 혼자서 식당에 들어가서 밥을 먹는 것이 전혀 두렵지 않다.
② 승부근성이 매우 강하다.
③ 지금까지 살면서 타인에게 폐를 끼친 적이 없다.
④ 나는 매우 변덕스런 사람이다.

ㄱ	①	②	③	④
ㅁ	①	②	③	④

98
① 내가 알고 있는 비밀을 다른 사람에게 쉽게 말해 버린다.
② 영화를 보고 운 적이 있다.
③ 금방 싫증을 내는 편이다.
④ 남을 잘 배려하는 편이다.

ㄱ	①	②	③	④
ㅁ	①	②	③	④

99
① 생각하고 나서 행동하는 편이다.
② 비판력이 강하다.
③ 감수성이 풍부하다.
④ 흐린 날은 반드시 우산을 챙긴다.

ㄱ	①	②	③	④
ㅁ	①	②	③	④

100
① 질서보다는 자유를 중요시하는 편이다.
② 영화나 드라마를 보면 등장인물의 감정에 이입된다.
③ 나는 조직의 일원으로는 어울리지 않는다.
④ 업무는 인간관계가 중요하다고 생각한다.

ㄱ	①	②	③	④
ㅁ	①	②	③	④

101
① 다른 사람을 설득시키는 것이 어렵지 않다.
② 다른 사람이 내 의견에 간섭하는 것이 싫다.
③ 시간 약속을 어기는 것을 싫어한다.
④ 술자리에서 술을 마시지 않아도 흥을 돋을 수 있다.

ㄱ	①	②	③	④
ㅁ	①	②	③	④

102
① 독자적으로 행동하는 편이다.
② 자주 후회를 하는 편이다.
③ 나만의 세계를 가지고 있다는 소릴 들어본 적 있다.
④ 남들에게 이것저것 말하는 것을 좋아한다.

ㄱ	①	②	③	④
ㅁ	①	②	③	④

103
① 이왕 할 거라면 무조건 일등이 되어야 한다고 생각한다.
② 자기계발을 위해 항상 노력하는 편이다.
③ 다른 사람의 행동을 주의 깊게 관찰한다.
④ 선물은 가격보다 마음이 중요하다고 생각한다.

ㄱ	①	②	③	④
ㅁ	①	②	③	④

104
① 나의 책상 위나 서랍은 항상 깨끗이 정돈되어 있다.
② 하기 싫은 일을 하고 있으면 무심코 불만을 말한다.
③ 기회가 있으면 반드시 얻는 편이다.
④ 말을 하는 것보다 주로 듣는 편이다.

ㄱ	①	②	③	④
ㅁ	①	②	③	④

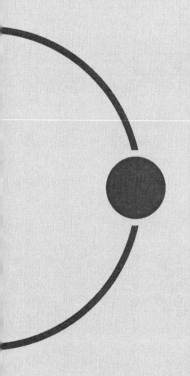

PART

III

직무역량검사

▌1~2▌ 다음 〈조건〉을 보고 각 문제의 내용이 〈조건〉에 비추어 논리적으로 참이면 '참', 거짓이면 '거짓', 참 · 거짓을 알 수 없으면 '알 수 없음'을 선택하시오.

〈조건〉
• 현명한 사람은 거짓말을 하지 않는다.
• 건방진 사람은 남의 말을 듣지 않는다.
• 거짓말하지 않으면 다른 사람의 신뢰를 얻는다.
• 남의 말을 듣지 않으면 친구가 없다.

1

현명한 사람은 다른 사람의 신뢰를 얻는다.

① 참   ② 거짓   ③ 알 수 없음

✔ 해설 조건에 대해 전체적으로 정리를 하면
현명한 사람→거짓말을 하지 않는다.
건방진 사람→남의 말을 듣지 않는다.
거짓말을 하지 않으면→다른 사람의 신뢰를 얻는다.
남의 말을 듣지 않으면→친구가 없다.
현명한 사람→거짓말을 하지 않는다. →다른 사람의 신뢰를 얻는다.

2

친구가 있으면 건방지다.

① 참   ② 거짓   ③ 알 수 없음

✔해설 위 조건들의 대우를 살펴보면
거짓말을 하면 현명하지 않은 사람이다.
남의 말을 들으면 건방지지 않은 사람이다.
다른 사람의 신뢰를 얻지 못하면 거짓말을 한다.
친구가 있으면 남의 말을 듣는다.
따라서 친구가 있으면 건방지지 않은 사람이다.

▮3~5▮ 다음 〈보기〉의 내용에 비추어 문제의 내용이 논리적으로 참이면 '참', 거짓이면 '거짓', 참·거짓을 알 수 없으면 '알 수 없음'을 선택하시오.

3

────────── 〈보기〉 ──────────

• 갑, 을, 병, 정 네 사람의 절도용의자가 심문을 받고 있다.
• 네 사람 중 단 한 사람만이 진실을 말한다.
• 절도범은 한 명이다.
• 네 사람이 주장하는 내용은 다음과 같다.
−갑 : 을이 절도를 하였다.
−을 : 정이 절도를 하였다.
−병 : 나는 훔치지 않았다.
−정 : 을은 거짓말을 하고 있다.

────────────────────────────

절도를 한 사람은 병이다.

① 참   ② 거짓   ③ 알 수 없음

✔해설 ㉠ 갑이 진실인 경우
갑에 의해 을은 절도범이 된다.
그러나 병의 말이 거짓말이므로 병이 훔쳤다는 말이 되는데 갑의 말과 모순된다.
㉡ 을이 진실인 경우
을에 의해 정은 절도범이 된다.
그러나 병의 말이 거짓말이므로 병이 훔쳤다는 말이 되는데 을의 말과 모순된다.
㉢ 병이 진실인 경우
을의 말과 정의 말이 모순된다.
㉣ 정이 진실인 경우
갑과 을에 의해 을과 정은 절도를 하지 않았다. 병은 거짓말을 하고 있으므로 병은 절도범이다.

Answer 1.① 2.② 3.①

4

〈보기〉

• 이씨는 김씨보다 앞에 있다.
• 최씨는 김씨보다 뒤에 있다.
• 박씨는 최씨 바로 앞에 있다.
• 홍씨는 제일 뒤에 있다.
• 박씨 앞에는 두 명이 있다.

최씨는 이씨보다 뒤에 있다.

① 참   ② 거짓   ③ 알 수 없음

✔ 해설 제시된 조건 중 첫 번째와 두 번째는 변수가 생길 수 있는 것이나, 세 번째와 네 번째 조건을 통해 확실한 위치를 추론할 수 있다.

| 이씨 | 김씨 | 박씨 | 최씨 | 홍씨 |

5

〈보기〉

• A는 B보다 나이가 적다.
• D는 C보다 나이가 적다.
• E는 B보다 나이가 많다.
• A는 C보다 나이가 많다.

B가 가장 나이가 많다.

① 참   ② 거짓   ③ 알 수 없음

✔ 해설 첫 번째 내용과 세 번째 내용, 네 번째 내용에 의해 E > B > A > C임을 알 수 있다.
두 번째 내용에서 D는 C보다 나이가 적으므로 E > B > A > C > D이다.

∥6~7∥ 〈보기〉를 보고 각 문제에 제시된 문장의 참·거짓, 알 수 없음을 판단하시오.

〈보기〉

- 함께 있던 A, B, C, D 네 명의 아이 중 하나가 꽃병을 깼다.
- 세 명은 진실을 말하고, 한 명은 거짓을 말했다.
- A는 D가 깨지 않았다고 했으나 B는 D가 꽃병을 깼다고 했다.
- C는 B가 깼다고 했고, D는 A가 깨지 않았다고 말했다.

6

거짓말을 한 사람은 A이다.

① 참 　　　　　 ② 거짓 　　　　　 ③ 알 수 없음

✔**해설** A와 B의 말이 다르므로 둘 중에 한 명은 거짓말을 하고 있다. A가 거짓말이라면, D가 깬 것이 되는데 C의 말과 모순되므로 A는 거짓말을 하고 있지 않다.

7

거짓말을 한 사람은 B이다.

① 참 　　　　　 ② 거짓 　　　　　 ③ 알 수 없음

✔**해설** B가 거짓말이라면 D는 깨지 않았고, C의 말에 의해 B가 깼다는 것을 알 수 있다. 따라서 거짓말을 한 아이는 B이다. B가 거짓을 말했다면 C의 말에 의해 B가 꽃병을 깼음을 알 수 있다.

Answer 　4.① 　5.② 　6.② 　7.①

▮8~10▮ 다음 문제의 〈보기 1〉을 보고 〈보기 2〉에 제시된 문장의 참·거짓, 알 수 없음을 판단하시오.

8

――――――――――――― 〈보기 1〉 ―――――――――――――

- 모든 A는 B이다.
- 모든 B는 C이다.
- 어떤 D는 B이다.
- 어떠한 E도 B가 아니다.

――――――――――――― 〈보기 2〉 ―――――――――――――

어떤 C는 B이다.

① 참   ② 거짓   ③ 알 수 없음

✔해설 두 번째 조건에 의해 '어떤 C는 B이다.'가 성립하므로 참이 된다.

9

――――――――――――― 〈보기 1〉 ―――――――――――――

- 파란색을 좋아하는 사람들은 항상 술을 마신다.
- 파란색을 좋아하지 않는 사람은 한 달에 소설책을 한 권 이상 읽지 않는다.
- 내 친구들은 모두 파란색을 좋아한다.

――――――――――――― 〈보기 2〉 ―――――――――――――

나는 한 달에 소설책을 2권 읽으므로 파란색을 좋아하지 않는다.

① 참   ② 거짓   ③ 알 수 없음

✔해설 두 번째 조건의 대우는 '한 달에 소설책을 한 권 이상 읽으면 파란색을 좋아한다.'가 된다.

10

〈보기 1〉

• 아버지는 비가 오면 큰아들의 나막신이 잘 팔릴 것이므로 좋지만 작은아들이 걱정된다.
• 아버지는 비가 오지 않으면 작은아들의 짚신이 잘 팔릴 것이므로 좋지만 큰아들이 걱정된다.
• 비가 오거나 오지 않거나 둘 중 하나일 것이다.

〈보기 2〉

비가 오거나 오지 않거나 아버지의 걱정은 있다.

① 참   ② 거짓   ③ 알 수 없음

✔ 해설 아버지는 비가 오면 작은아들이 걱정되고, 비가 오지 않으면 큰아들이 걱정될 것이다.

▌11～20▐ 주어진 지문을 읽고 다음에 제시된 문장이 참이면 ①, 거짓이면 ②, 주어진 지문으로 알 수 없으면 ③을 선택하시오.

11

> 고열, 기침 등 독감과 비슷한 증상을 보여 독감 혹은 감기라고 오해하기 쉽지만 가와사키병은 고열을 동반한 혈관질환이다. 정확한 원인은 알 수 없지만 자가 면역 반응에 의해 심장의 관상동맥에 동맥류를 일으키는 경우 사망에까지 이를 수 있어 위험한 질환이다. 주로 한국, 일본, 미국 등 환태평양지대 국가의 5세 이하의 어린이에서 발병률이 높다. 국내 발병률이 2005년 10만명당 108.7명이었지만 최근 112.5～118.3명까지 증가했다고 가와사키병 연구회는 발표하였다. 독감과 매우 비슷한 증상을 갖고 있어 가와사키병은 초기에 고열을 비롯해 경우에 따라 기침, 설사, 복통, 두통, 소화장애가 나타나는 등의 증상을 가지고 있다. 그렇기 때문에 이 질환을 진단받는 아이들은 대부분 처음에 독감으로 생각해 해열제를 먹다가 다른 증상이 동반된 이후에 진단되는 경우가 많다.

11-1 가와사키병은 발병하면 죽는 불치의 병이다.　①　②　③

11-2 가와사키병은 6세 이상은 걸리지 않는 병이다.　①　②　③

11-3 가와사키병은 초기 진단이 어려운 병이다.　①　②　③

✔ **해설** 11-1. 가와사키병은 자가 면역 반응에 의해 심장의 관상동맥에 동맥류를 일으키는 경우에 사망에까지 이를 수 있어 위험한 질환이라고 나타나 있으나 치료를 할 수 없다는 내용은 알 수 없으므로 알 수 없는 내용이다.
　　　　11-2. 5세 이하의 어린이에게 발병률이 높을 뿐이지 6세 이상은 걸리지 않는다는 것은 알 수 없는 내용이다.
　　　　11-3. 가와사키병은 대부분 처음에 독감으로 생각해 해열제를 먹다가 다른 증상이 동반된 이후에 진단되는 경우가 많으므로 초기 진단이 어려운 병이다.

12

독도는 과거 조선시대부터 지금까지 끊임없이 한국과 일본이 서로 자신의 땅이라고 주장하고 있는 지리적, 경제적으로 매우 중요한 땅이다. 독도는 지리적으로 러시아의 남쪽, 일본의 북동쪽, 한국의 동쪽에 위치해 있기 때문에 군사적으로 전략적 요충지이다. 또한 독도의 인근해역은 청정해역으로 한류와 난류가 만나고 있어 연안어장과 대화퇴어장이 형성되어 있어 황금어장을 이루고 있다. 독도가 한국 땅이라는 주장은 여러 역사 자료에도 나온다. 세종실록지리지에는 울릉도를 본도라 하고 당시 독도의 명칭인 우산도를 울릉도의 속도라 하였고, 삼국사기 신라본기 4 지중마립간 512년 기사로 지중왕 13년 6월에 우산국이 귀복하고 해마다 토산물을 바치게 되었다는 내용이 나온다. 또한 일본 정부의 자료로는 1877년 3월 20일 조, 태정관 지령문서에 품의한 취지의 다케시마(울릉도) 외 일도 (독도) 지적 편찬의 건에 대하여 본방(일본)은 관계가 없다는 것을 심득할 것이라는 내용이 있어 당시 일본도 독도가 한국의 땅이라는 것을 공적으로 기록하고 있다.

12-1 독도는 과거 한때 일본 땅이었다.   ① ② ③

12-2 독도 인근해역은 어종이 풍부한 황금어장이다.   ① ② ③

12-3 독도는 구석기 시대부터 사람들이 살던 섬이다.   ① ② ③

> ✔ 해설 12-1 세종실록지리지와 삼국사기, 태정관 지령문서 등을 통해 과거 독도가 한국 땅임을 나타내고 있다.
> 12-2 독도의 인근해역은 청정해역으로 한류와 난류가 만나고 있어 연안어장과 대화퇴어장이 형성되어 있어 황금어장을 이루고 있다.
> 12-3 주어진 지문을 통해서는 알 수 없다.

13

　　인터넷은 처음에는 군사 목적으로 미국에서 개발하였다. 하지만 냉전 시대가 끝나고 많은 사람들이 동시에 사용할 수 있다는 장점으로 인해 현재는 군사 목적보다는 다양한 커뮤니케이션의 목적으로 사용되고 있다. 특히 채팅이나 메일 등을 통해 멀리 있는 사람들에게도 앉아서 바로 바로 소식을 묻거나 대화를 할 수 있고 심지어는 다수의 사람들이 하나의 채팅방에서 글을 올리며 대화를 할 수 있다. 인터넷은 기본적으로 익명으로 사용되다 보니 자연히 범죄에도 이용되기 일쑤고 무책임한 발언을 남발하는 경우도 있다. 따라서 인터넷을 사용하기에 앞서 기본적인 예절을 지키는 연습부터 해야 할 것이다.

13-1 인터넷은 처음부터 채팅 목적으로 개발되었다.　① ② ③

13-2 현대 사람들은 인터넷을 통해 외국 친구들과 안부를 주고받는다.　① ② ③

13-3 처음 인터넷을 개발한 사람은 인터넷을 인해 큰돈을 벌었다.　① ② ③

　✔ 해설　13-1 인터넷은 처음에는 군사 목적으로 개발되었다.
　　　　　13-2 채팅이나 메일을 통해 외국 친구들과 안부를 주고받을 수 있다.
　　　　　13-3 지문을 통해서는 알 수 없는 내용이다.

14

　　정치권력의 남용과 사회적 부정부패를 감시하고 비판하는 언론의 기능은 건전한 여론 형성 기능과 함께 국민의 알 권리 충족을 위한 필수 조건으로 인식되어 왔다. 미국의 경우 언론의 감시 · 비판 기능을 파수견(watchdog)에 빗대어 표현하는데, 이를 헌법적으로 보장되는 것으로 인식하고 있다. 이러한 파수견 기능은 개인의 표현의 자유가 아닌 언론 기관의 표현의 자유를 의미한다. 즉 개인의 기본권적 특성보다는 언론 기관에 부여되는 제도적 권리의 특성을 지닌다.

14-1 파수견 기능은 개인의 표현의 자유를 의미한다.　① ② ③

14-2 언론의 상업주의적 폐해가 있다고 하더라도 국가 권력의 남용보다는 폐해가 덜하기 때문에 파수견 기능은 보호되어야 한다.　① ② ③

14-3 보다 적극적인 파수견 기능을 위해서 국가 기관에 대한 접근권을 강화해야 한다.　① ② ③

　✔ 해설　14-1. 파수견 기능은 개인의 표현의 자유가 아닌 언론 기관의 표현의 자유를 의미한다.
　　　　　14-2. 주어진 지문으로는 알 수 없는 내용이다.
　　　　　14-3. 주어진 지문으로는 알 수 없는 내용이다.

15

> 자본 구조가 기업의 가치와 무관하다는 명제로 표현되는 모딜리아니-밀러 이론은 완전 자본 시장 가정, 곧 자본 시장에 불완전성을 가져올 수 있는 모든 마찰 요인이 전혀 없다는 가정에 기초한 자본 구조 이론이다. 이 이론에 따르면, 기업의 영업 이익에 대한 법인세 등의 세금이 없고 거래 비용이 없으며 모든 기업이 완전히 동일한 정도로 위험에 처해 있다면, 기업의 가치는 기업 내부 여유 자금이나 주식 같은 자기 자본을 활용하든지 부채 같은 타인 자본을 활용하든지 간에 어떤 영향도 받지 않는다. 모딜리아니-밀러 이론은 현실적으로 타당한 이론을 제시했다기보다는 현대 자본 구조 이론의 출발점을 제시하였다는 데 중요한 의미가 있다.

15-1 모딜리아니-밀러 이론은 현대 자본 구조 이론의 출발점을 제시하였다.　① ② ③

15-2 상충 이론이란 부채의 사용에 따른 편익과 비용을 비교하여 기업의 최적 자본 구조를 결정하는 이론이다.　① ② ③

15-3 모딜리아니-밀러 이론은 완전 자본 시장을 가정한다.　① ② ③

> ✔해설　15-1. 주어진 지문의 내용과 일치한다.
> 　　　 15-2. 주어진 지문으로는 알 수 없는 내용이다.
> 　　　 15-3. 주어진 지문의 내용과 일치한다.

16

　　조선왕조의 정치가 양반관료체제로 귀결된 것은 지배 신분층의 확대라는 역사적 변환과 밀접하게 관련되어 있다. 중소 지주층의 대부분이 신분적으로 관인이 될 수 있는 자격을 획득한 조건 아래서 그들의 정치 참여 욕구를 수렴하려면, 체제의 운영 방식이 보다 많은 수의 참여를 가져와야 했다. 고려시대에 비하여 관료제도가 더 발달하고 관료의 선발 방식으로서의 과거제도가 활성화된 까닭이 바로 여기에 있다. 정치체제의 기반이 그러한 역사적 조건을 가진 이상, 국체가 왕정으로 내세워졌다 하더라도 전제왕권은 일시적인 것에 그치지 않을 수 없었다.

16-1 조선왕조의 정치가 양반관료체제로 귀결된 이유는 양반들의 막강한 권력 때문이었다.　① ② ③

16-2 조선시대는 고려시대에 비하여 관료제도가 더 발달하였다.　① ② ③

16-3 조선시대는 양인들도 과거시험에 응시할 수 있는 자격을 가졌다.　① ② ③

　✔해설　16-1. 조선왕조의 정치가 양반관료체제로 귀결된 것은 지배 신분층의 확대라는 역사적 변환과 밀접하게 관련되어 있다.
　　　　16-2. 고려시대에 비하여 관료제도가 더 발달하고 관료의 선발 방식으로서의 과거제도가 활성화된 까닭이 바로 여기에 있다.
　　　　16-3. 주어진 지문으로는 알 수 없는 내용이다.

17

　　파시즘과 유사한 정치 행태들과 진정한 파시즘 사이의 경계를 명확하게 긋지 않고는 파시즘을 제대로 이해할 수 없다. 고전적 독재가 시민들을 단순히 억압해 침묵시킨 것과 달리, 파시즘은 대중의 열정을 끌어모아 내적 정화와 외적 팽창이라는 목표를 향해 국민적 단결을 강화하는 기술을 찾아냈다. 이 점에서 파시즘은 민주주의가 실패함으로써 나타난 아주 새로운 현상이다. 따라서 민주주의 성립 이전의 독재에는 '파시즘'이라는 용어를 사용하면 안 된다. 고전적 독재는 파시즘과 달리 대중적 열광을 이용하지 않으며 자유주의 제도를 제거하고자 하지 않는다.

17-1 파시즘은 시민들을 단순히 억압해 침묵시킨 것이다.　① ② ③

17-2 파시즘은 민주주의의 실패로 인해 나타난 현상으로 고전적 독재와는 다르다.　① ② ③

17-3 민주주의 성립 이전의 독재에는 파시즘이라는 용어를 사용하면 안 된다.　① ② ③

　✔해설　17-1. 고전적 독재가 시민들을 단순히 억압해 침묵시킨 것과 달리, 파시즘은 대중의 열정을 끌어모아 내적 정화와 외적 팽창이라는 목표를 향해 국민적 단결을 강화하는 기술을 찾아냈다.
　　　　17-2. 주어진 지문의 내용과 일치한다.
　　　　17-3. 주어진 지문의 내용과 일치한다.

18

어떤 동위원소들은 우라늄처럼 붕괴하여 다른 원소가 되기도 한다. 이와 달리 붕괴하지 않는 동위원소를 '안정적 동위원소'라고 한다. 원소들 중에 안정적 동위원소를 갖지 않는 것은 20가지인데 자연에 존재하는 전체 원소의 약 4분의 1에 해당한다. 각 원소들이 가지는 동위원소의 수를 조사해보면 중요한 규칙성을 발견할 수 있다. 홀수의 원자번호를 갖는 원소보다는 짝수의 원자번호를 갖는 원소가 훨씬 많은 동위원소를 가지고 있으며, 몇 가지 사례를 제외하고는 원자번호가 짝수인 원소는 원자량도 짝수가 된다는 것을 알 수 있다. 안정적 동위원소를 갖지 않는 원소 가운데는 베릴륨만이 원자번호가 4로 짝수이고 나머지 원소는 모두 홀수의 원자번호를 가지고 있다.

18-1 자연에 존재하는 전체 원소는 약 80가지이다.　① ② ③

18-2 붕괴되는 동위원소를 '안정적 동위원소'라고 한다.　① ② ③

18-3 원자번호가 짝수인 모든 원소는 원자량도 짝수가 된다.　① ② ③

✔해설　18-1. 원소들 중에 안정적 동위원소를 갖지 않는 것은 20가지인데 자연에 존재하는 전체 원소의 약 4분의 1에 해당한다고 하였으므로 자연에 존재하는 전체 원소는 약 80가지라는 것을 알 수 있다.
　　　 18-2. 붕괴하지 않는 동위원소를 '안정적 동위원소'라고 한다.
　　　 18-3. 몇 가지 사례를 제외하고는 원자번호가 짝수인 원소는 원자량도 짝수가 된다는 것을 알 수 있다.

Answer　16-1.② 16-2.① 16-3.③ 17-1.② 17-2.① 17-3.① 18-1.① 18-2.② 18-3.②

19

> 최근 미국 국립보건원은 벤젠 노출과 혈액암 사이에 연관이 있다고 보고했다. 직업안전보건국은 작업장에서 공기 중 벤젠 노출 농도가 1ppm을 넘지 말아야 한다는 한시적 긴급 기준을 발표했다. 당시 법규에 따른 기준은 10ppm이었는데, 직업안전보건국은 이 엄격한 새 기준이 영구적으로 정착되길 바랐다. 그런데 벤젠 노출 농도가 10ppm 이상인 작업장에서 인명피해가 보고된 적은 있지만 그보다 낮은 노출 농도에서 인명피해가 있었다는 검증된 데이터는 없었다. 그럼에도 불구하고 직업안전보건국은 벤젠이 발암물질이라는 이유를 들어, 당시 통용되는 기기로 쉽게 측정할 수 있는 최소치인 1ppm을 기준으로 삼아야 한다고 주장했다.

19-1 법규에 따른 벤젠 노출 농도는 10ppm이고 한시적 긴급 기준은 1ppm이다. ① ② ③

19-2 직업안전보건국은 법규에 따른 기준인 10ppm이 지속되기를 원했다. ① ② ③

19-3 대법원은 직업안전보건국이 제시한 1ppm의 기준이 지나치게 엄격하다고 판결하였다. ① ② ③

✔ **해설** 19-1. 주어진 지문의 내용과 일치한다.
19-2. 당시 법규에 따른 기준은 10ppm이었는데, 직업안전보건국은 이 엄격한 새 기준이 영구적으로 정착되길 바랐다.
19-3. 주어진 지문으로는 알 수 없는 내용이다.

20

> 분명 인간은 의식주라는 생물학적 욕구와 물질적 가치의 추구 외에 정신적 가치들을 추구하며 사는 존재이다. 그렇다고 이것이 그대로 인문학의 가치를 증언하는 것은 아니다. 그 이유는 무엇보다 인문적 활동 자체와 그것에 대한 지식 혹은 인식을 추구하는 인문학은 구별되기 때문이다. 춤을 추고 노래를 부르거나 이야기를 하는 등의 제반 인간적 활동에 대한 연구와 논의를 하는 이차적 활동인 인문학, 특히 현대의 인문학처럼 고도로 추상화된 이론적 논의들이 과연 인간적 삶을 풍요롭게 해주느냐가 문제이다.

20-1 인간이 정신적 가치들을 추구하는 존재라는 것이 인문학의 가치를 증언한다.　　① ② ③

20-2 인문적 활동 자체와 인문학은 구별되는 개념이다.　　① ② ③

20-3 현대의 인문학은 인간적 삶을 풍요롭게 해주고 있다.　　① ② ③

✔해설　20-1. 분명 인간은 의식주라는 생물학적 욕구와 물질적 가치의 추구 외에 정신적 가치들을 추구하며 사는 존재이다. 그렇다고 이것이 그대로 인문학의 가치를 증언하는 것은 아니다.

　　　　20-2. 인문적 활동 자체와 그것에 대한 지식 혹은 인식을 추구하는 인문학은 구별된다.

　　　　20-3. '현대의 인문학처럼 고도로 추상화된 이론적 논의들이 과연 인간적 삶을 풍요롭게 해주느냐가 문제이다.'라고 제시되어 있기 때문에 풍요롭게 해주는지는 알 수 없다.

21

바이러스란 스스로는 증식할 수 없고 숙주 세포에 기생해야만 증식할 수 있는 감염성 병원체를 일컫는다. 바이러스는 자신의 존속을 위한 최소한의 물질만을 가지고 있기 때문에 거의 모든 생명 활동에서 숙주 세포를 이용한다. 바이러스를 구성하는 기본 물질은 유전 정보를 담은 유전 물질과 이를 둘러싼 단백질 껍질이다.

1915년 영국의 세균학자 트워트는 포도상 구균을 연구하던 중, 세균 덩어리가 녹는 것처럼 투명하게 변하는 현상을 관찰했다. 뒤이어 1917년 프랑스에서 활동하던 데렐은 이질을 연구하던 중 환자의 분변에 이질균을 녹이는 물질이 포함되어 있다는 것을 발견하고, 이 미지의 존재를 '박테리오파지'라고 불렀다. 박테리오파지는 바이러스의 일종으로 '세균을 잡아먹는 존재'라는 뜻이다.

박테리오파지는 증식을 위해 세균을 이용한다. 박테리오파지가 세균을 만나면 우선 꼬리 섬유가 세균의 세포막 표면에 존재하는 특정한 단백질, 다당류 등을 인식하여 복제를 위해 이용할 수 있는 세균인지의 여부를 확인한다. 그리고 이용이 가능한 세균일 경우 갈고리 모양의 꼬리 섬유로 세균의 표면에 단단히 달라붙는다. 세균 표면에 자리를 잡은 박테리오파지는 머리에 들어 있는 유전 물질만을 세균 내부로 침투시킨다. 세균 내부로 침투한 박테리오파지의 유전 물질은 세균 내부의 DNA를 분해한다. 그리고 세균의 내부 물질과 여러 효소 등을 이용하여 새로운 박테리오파지를 형성할 유전 물질과 단백질을 만들어 낸다. 이렇게 만들어진 유전 물질과 단백질이 조립되면 새로운 박테리오파지가 복제되는 것이다.

――――――――――― 〈보기〉 ―――――――――――

박테리오파지는 세균을 숙주 세포로 삼아서 기생하는 바이러스이다. (옳다)

① ○   ② ×

✔해설 ① 바이러스는 숙주 세포에 기생해야만 증식할 수 있다고 하였고, 박테리오파지는 바이러스의 일종이라고 하였으므로 '옳다'라고 한 것은 옳다.

22

CPU나 램은 내부의 미세 회로 사이를 오가는 전자의 움직임만으로 데이터를 처리하는 반도체 재질이기 때문에 고속으로 동작이 가능하다. 그러나 HDD는 원형의 자기디스크를 물리적으로 회전시키며 데이터를 읽거나 저장하기 때문에 자기디스크를 아무리 빨리 회전시킨다 해도 반도체의 처리 속도를 따라갈 수 없다. 게다가 디스크의 회전 속도가 빨라질수록 소음이 심해지고 전력 소모량이 급속도로 높아지는 단점이 있다. 이 때문에 CPU와 램의 동작 속도가 하루가 다르게 향상되고 있는 반면, HDD의 동작 속도는 그렇지 못했다.

그래서 HDD의 대안으로 제시된 것이 바로 'SSD(Solid State Drive)'이다. SSD의 용도나 외관, 설치 방법 등은 HDD와 유사하다. 하지만 SSD는 HDD가 자기디스크를 사용하는 것과 달리 반도체를 이용해 데이터를 저장한다는 차이가 있다. 그리고 물리적으로 움직이는 부품이 없기 때문에 작동 소음이 작고 전력 소모가 적다. 이런 특성 때문에 휴대용 컴퓨터에 SSD를 사용하면 전지 유지 시간을 늘릴 수 있다는 이점이 있다.

─── 〈보기〉 ───

HDD는 데이터 처리 방식의 한계 때문에 속도의 향상이 더딘 편이었다. (그르다)

① ○   ② ×

✔해설 'HDD는 원형의 자기디스크를 물리적으로 회전시키며 데이터를 읽거나 저장하기에, 자기디스크를 아무리 빨리 회전시킨다 해도 반도체의 처리 속도를 따라갈 수 없다. ~ 이 때문에 HDD의 동작 속도는 그렇지 못했다.'라는 내용을 통해 보기의 내용을 '그르다'라고 한 것은 옳지 않다.

23

　　대상을 있는 그대로 재현하는 데 중점을 두었던 과거의 작가들과 달리 현대의 많은 작가들은 자신이 인식하고 해석한 세계를 표현하는 것에 중점을 두었다. 그중, M. C. 에셔는 기하학적 표현을 활용하여 공간에 대한 자기만의 새로운 인식을 표현한 작가이다.

　　에셔는 먼저 '평면의 규칙적 분할'을 활용하여 2차원의 평면 구조를 표현하는 것에 관심을 가졌다. 우선 그는 새, 물고기 등 구체적이고 일상적인 사물들을 단순화하여 평면 구조를 표현하기 위한 기본 형태로 설정했다. 이것을 반복하여, 상하좌우로 평행 이동시키거나 한 지점을 축으로 다양한 각도로 회전시키기도 하고, 평행 이동한 후 거울에 비친 것처럼 반사시키기도 하면서 분할된 평면을 빈틈없이 채웠다. 또한 기본 형태를 점점 축소하거나 확대하는 과정을 반복하여 평면을 무한히 분할하는 듯한 효과를 주어 평면이 가진 무한성을 드러내고자 하였다.

───────────── 〈보기〉 ─────────────

　　에셔는 대상을 있는 그대로 재현하기 위해 기하학적 표현을 활용하였다. (알 수 없다.)

① ○　　　　　　　　　　　　　　② ×

✔ 해설　'대상을 있는 그대로 재현하는 데 중점을 두었던 과거의 작가들과 달리'를 통해 에셔가 대상을 있는 그대로 재현하지 않았음을 알 수 있으므로 '알 수 없다'라고 한 것은 옳지 않다.

24

조합 논리 회로이든 순차 논리 회로이든 디지털 회로의 설계는 다양한 논리 게이트들을 얼마나 효율적으로 연결하느냐가 중요하다. 가장 기본적인 논리 게이트로는 NOT 게이트, AND 게이트, OR 게이트가 있다. NOT 게이트는 보통 인버터라 부르며 출력 값이 입력 값과 반대가 되도록 변환한다. 예를 들어 입력 값이 0이면 출력 값은 1이고 입력 값이 1이면 출력 값은 0이 된다. 따라서 입력 가능한 조합은 1과 0, 두 개뿐이다. AND 게이트는 입력 단자를 통해 들어오는 입력 값이 모두 1일 때만 출력 값이 1이고, 만일 한 개라도 0이면 출력 값은 0이 된다. OR 게이트는 입력 값이 어느 하나라도 1이면 출력 값이 1이 되고, 입력 값이 모두 0일 때만 출력 값이 0이 된다. 논리 게이트들의 입력 가능한 조합의 수는 2의 거듭제곱을 따른다. 즉 입력 단자가 2개면 입력 가능 조합은 4개, 입력 단자가 3개면 입력 가능 조합은 8개가 된다.

논리 게이트의 입력과 출력은 전기적 신호가 바뀌는 모습으로 나타낼 수 있다. 아래 그림은 AND 게이트에 입력 신호가 들어왔을 때, 어떤 출력 신호가 나오는지 나타낸 것이다. A와 B의 파형이 각각의 입력 단자에 들어올 때, AND 게이트는 F와 같은 파형을 출력하게 된다. 여기서 파형이란 0과 1에 해당하는 전기적 신호(0V와 5V)가 시간에 따라 연속적으로 바뀌는 모습을 표현한 것을 말한다. 다른 게이트들도 이와 마찬가지로 전기적 신호가 바뀌는 모습을 표현하여 입력 신호와 출력 신호로 나타낼 수 있다.

〈보기〉

NOT 게이트, AND 게이트, OR 게이트에서 입력 값이 모두 0이면 각각의 출력 값은 모두 0이다. (알 수 없다.)

① ○　　　　　　　　　　　　　　　　② ×

✔해설　NOT 게이트, AND 게이트, OR 게이트에서 입력 값이 모두 0이면 각각의 출력 값은 NOT 게이트는 1, AND 게이트는 0, OR 게이트는 0이다.
NOT 게이트는 출력 값이 입력 값과 반대가 되도록 변환하기 때문에 입력 값이 0이면 출력 값은 1이다. 이는 제시된 내용에서 찾을 수 있으므로 '알 수 없다'라고 한 것은 옳지 않다.

25

　가사심판이란 가사사건에 대해서 통상의 소송구조와 절차에 의하지 않고 사건의 개성에 가장 적합한 법적 해결을 보기 위해 비송적 절차에 의한 재판을 할 수 있도록 만들어진 제도이다. 이는 그 대상이 가정이나 가족 내의 부부·친자·형제자매 등 애정이나 혈연을 기초로 해서 맺어져 있는 사람들의 인간관계이므로 그 본질상 합리적·계산적으로 처리할 수 없는 감정문제나 인간성이 항상 얽혀 있기 때문이다. 따라서 가사심판은 가족공동관계 전체와의 관련성을 배려하면서도 장래에 상호 협조성이 지속적으로 유지될 수 있도록 하는 인간관계의 회복에 중점을 두는 것이 필요하다.

─────────── 〈보기〉 ───────────

　우리나라의 가사심판 제도는 사건의 특성상 비송적 절차에 의한 재판을 할 수 있도록 만들어진 세계 유일의 법적 제도이다. (옳다.)

① ○　　　　　　　　　　　　　　　② ×

✔ 해설　제시된 지문을 통해 가사심판 제도가 세계 유일의 법적 제도인지는 알 수 없기 때문에 보기의 설명에 대해 '옳다'라고 한 것은 옳지 않다.

26

　경제협력개발기구(일명 OECD)는 회원국간의 경제·사회발전을 모색하고 세계 경제 문제에 공동으로 대처하기 위한 정부간 정책논의 및 협의기구로 1948년 유럽경제협력기구(OEEC)가 설립되고 1961년에는 미국·캐나다 등이 가입함에 따라 현재의 OECD로 확대, 개편되었다. 이 기구는 개방된 시장경제, 다원적 민주주의 및 인권존중이라는 3대 가치관을 공유하고 있는 국가들의 정책담당자들이 모여 정책대화를 통해 경험과 의견을 교환하고 있으며 또한 사무국 전문가들의 실증적, 전문적 분석에 기초하여 정책 대화를 하여 상호간 경제정책의 개선을 촉구하거나 국제적 정책협조를 추진하기도 한다. 이 과정에서 동료간 압력을 행사하며 OECD의 정책경험을 비회원국에 전수하고 시민사회에도 전파하고 있다.

─────────── 〈보기〉 ───────────

　OECD는 회원국의 정책담당자들이 매년 한 자리에 모여 정책대화를 통해 경험과 의견을 서로 교환하는 국제기구이다. (옳다.)

① ○　　　　　　　　　　　　　　　② ×

✔ 해설　제시된 지문을 통해 OECD가 매년 열리는가에 대해서는 알 수 없기 때문에 보기의 설명에 대해 '옳다'라고 한 것은 옳지 않다.

27

간첩이란 적국·가상적국·적대집단 등에 들어가 몰래 또는 공인되지 않은 방법으로 정보를 수집하거나 전복활동 등을 하는 자를 말하는데 첩자·밀정과 같은 뜻으로 쓰이고 있다. 역사상 간첩활동이 학문적으로 체계화된 것은 중국의 춘추전국시대에 완성된 「손자병법」 제13편 용간에 나타나 있다. 여기에는 간자의 종류와 활용원리가 서술되어 있으며 이것이 세계 최초의 정보수집 및 공작원리로 인정되고 있다. 우리나라에서도 이미 삼국시대부터 정보활동으로 인정될 수 있는 역사적 사례가 있는데 고구려 태무신왕 때 낙랑을 침범하기 위한 왕자 호동의 자명고 파괴작전이나 신라 눌지왕 때 일본에 억류된 왕자를 구출하기 위한 박제상의 파견, 고구려 영양왕 때 살수대첩을 이끈 을지문덕의 적정탐지 등이 그것이라 할 수 있다.

───────────── 〈보기〉 ─────────────

고구려 장수왕 때 백제의 정세를 살피기 위해 백제로 들어간 고구려 승려 도림에 대한 일화도 우리나라의 정보활동으로 인정될 수 있는 역사적 사례 중 하나라 할 수 있다. (그르다.)

① ○   ② ×

✔해설 제시된 지문을 통해 도림에 대한 일화는 알 수 없기 때문에 보기의 설명에 대해 '그르다'라고 한 것은 옳지 않다.

28

세계군인체육대회는 1948년 조직된 국제군인스포츠위원회의 주관으로 4년에 한 번 회원국을 대표하는 현역 군인들이 참가하여 스포츠맨십을 겨루는 대규모 스포츠 행사로 일명 군인올림픽으로도 불린다. 현재 총 133개국이 회원국으로 가입되어 있으며 우리나라는 1957년에 가입하였다. 이 대회의 정식종목으로는 축구·농구·골프·육상·수영·태권도·복싱 등 25개의 일반종목과 함께 대회 특성상 수류탄 투척·장애물 등의 육군 종목, 구명수영·수륙횡단 등의 해군 종목, 그리고 탈출·사격 등과 같은 공군 종목 등 이색적인 군사종목이 포함되어 있다. 그리고 2015년에는 새로 양궁·배드민턴·야구 등이 도입될 예정이다.

───────────── 〈보기〉 ─────────────

세계군인체육대회의 정식종목에는 수류탄 투척, 수륙횡단, 탈출 등과 같은 이색적인 군사종목이 포함되어 있다. (알 수 없다.)

① ○   ② ×

✔해설 제시된 지문을 통해 보기의 내용을 알 수 있기 때문에 보기의 설명에 대해 '알 수 없다'라고 한 것은 옳지 않다.

Answer   25.② 26.② 27.② 28.②

29

천마도가 그려진 장니는 마구의 일종으로 이는 신라에서 기마풍습이 있었다는 것을 의미하기도 한다. 기마풍습은 북방 이민족들이 중국에 왕조를 세웠던 5호16국시대를 거치면서 동아시아에 널리 확산되는 모습을 보이는데 이는 이전의 전쟁이 보병을 주축으로 하던 것과는 달리 당시의 전쟁이 기마전 양상을 띠는 것과 연관된다. 고구려에서도 4세기 이후 중장기병이 기마를 할 수 있는 마구들이 정비되기 시작하고 4~5세기 고구려에 유입된 이러한 기마문화가 신라로 점차 확산된 것이다. 천마총에 부장된 천마도 장니는 바로 신라에 유입된 새로운 마구 문화의 산물이라고 볼 수 있으며 신라에서는 황남대총 남분에서부터 시작하여 천마총, 그리고 5세기 후반 고분으로 알려진 금령총에 이르기까지 장니에 금속장식이 결합되거나 여기에 그림이 그려지는 등 장니 장식이 성행하였다.

─────── 〈보기〉 ───────

기마전은 고대 중국의 전투방식 중 하나이며 이것이 활발하게 운용된 것은 5호16국시대 이후이다. (알 수 없다.)

① ○　　　　　　　　　　　　　② ×

✔해설 제시된 지문을 통해 기마전이 고대 중국의 전투방식 중 하나라는 사실은 알 수 없기 때문에 보기의 설명에 대해 '알 수 없다'라고 한 것은 옳다.

30

가야금은 우리나라 고유의 대표적인 현악기로 총 12줄로 이루어져 있으며 옛 문헌의 한글표기에는 언제나 '가얏고'라고 되어 있다. 현재 우리가 부르는 가야금이란 말은 한자화된 명칭이다. 「삼국사기」에 의하면 가야국의 가실왕이 6세기에 당나라의 악기를 보고 만들었으며 우륵에게 명하여 12곡을 짓게 하였는데 그 뒤 가야국이 어지러워지자 우륵은 가야금을 가지고 신라 진흥왕에게로 투항하였다고 기록하고 있어 한동안 이를 가야금의 기원으로 받아들였으나 오늘날에는 삼한시대부터 사용된 민족 고유의 현악기가 가실왕 때 중국의 쟁이라는 악기의 영향을 받아 더욱 발전했다는 것을 통설로 하고 있다.

─────── 〈보기〉 ───────

가야금은 우리나라의 대표적인 현악기에 속한다. (옳다.)

① ○　　　　　　　　　　　　　② ×

✔해설 제시된 지문을 통해 가야금이 우리나라 고유의 대표적인 현악기라는 사실을 알 수 있기 때문에 보기의 설명에 대해 '옳다'라고 한 것은 옳다.

31

　　검무는 칼을 휘두르며 추는 춤으로 검기무 또는 칼춤이라고도 하며 그 기원에 대해서는 「동경잡기」와 「증보문헌비고」의 기록이 모두 신라 소년 황창이 백제에 들어가 칼춤을 추다가 백제의 왕을 죽이고 자기도 죽자, 신라인들이 그를 추모하기 위해 그 얼굴을 본떠 가면을 만들어 쓰고 칼춤을 추기 시작한 데서 유래되었다고 기록하고 있다. 이러한 검무는 신라시대를 거쳐 고려 말까지 성행하였다가 조선 초에 이르러 다소 주춤하였고 다만 숙종 때 김만중의 '관황창무'라는 칠언고시를 통해 기녀들에 의하여 가면 없이 연희되었음을 확인할 수 있다. 그리고 경술국치 이후 관기제도가 폐지됨에 따라 기녀들이 민간 사회로 나와 그들에 의해 계속 추어졌으나 사회적인 여건으로 인해 단축되고 변질되어 본래의 형태로부터 많이 축소되었다. 현재 비교적 원형을 보존하고 있는 것으로 진주검무가 있는데 1967년 중요무형문화재 제12호로 지정되었다.

―――――――――――〈보기〉―――――――――――

　　검무는 신라시대 때 가면을 쓰고 연희되다가 이후 기녀들에 의해 가면 없이 연희되었다. (알 수 없다.)

① ○　　　　　　　　　　　　　　　　　　　② ×

✔해설　제시된 지문을 통해 보기의 내용을 알 수 있기 때문에 보기의 설명에 대해 '알 수 없다'라고 한 것은 옳지 않다.

32

　　금석문이란 쇠붙이나 돌붙이에다 새긴 글씨 또는 그림을 말하며 이러한 내용을 풀이하여 자체와 화풍을 연구하고 그 시대를 밝혀 인문 발달의 연원을 캐며 역사의 자료로 사용하여 미술·공예·사상 등 여러 방면의 학술적 탐구를 진행하는 것을 금석학이라 한다. 이것은 중국에서 발생하였으며 우리나라에서 이 학문에 눈을 돌리게 된 것은 그리 오래되지 않았다. 문헌으로 전하는 것은 애매한 점도 있고 진실성이 의심스러운 경우도 많이 있지만 금석문은 그 당시 사람의 손에 의하여 직접 이루어진 것이므로 가장 정확하고 진실한 역사적 자료가 된다.

―――――――――――〈보기〉―――――――――――

　　금석문의 대표적인 예로 중국 은나라 때의 갑골문을 들 수 있다. (옳다.)

① ○　　　　　　　　　　　　　　　　　　　② ×

✔해설　제시된 지문을 통해 갑골문이 금석문의 대표적인 예가 되는지는 알 수 없기 때문에 보기의 설명에 대해 '옳다'라고 한 것은 옳지 않다.

Answer　　29.① 　30.① 　31.② 　32.②

33

　　강릉의 관노가면극은 강릉단오제 때 행해지는 탈놀이로 현재 중요무형문화재 제13호로 지정되어 있다. 이 놀이는 우리나라 가면극 전승의 주류를 이루는 산대도감 계통극과는 그 계통을 달리하는 서낭제탈놀이의 하나인데 여기에는 관노가면극 외에도 하회별신굿탈놀이를 들 수 있다. 이러한 서낭제탈놀이들은 제의적 연희의 성격을 갖고 있는 농촌형의 탈춤이라 할 수 있으며 따라서 농악대의 잡색놀이나 무의적인 탈놀이와 함께 토착적인 탈놀이의 기원에 많은 시사를 던져준다. 관노가면극은 본래 대사가 없는 묵극이었다고도 하고 약간의 재담이 있었다고도 한다. 일반 탈춤이 서민들의 울분과 양반들에 대한 반감을 풍자하고 있으나 이 놀이는 연희자들이 원래 관노들이기 때문에 대담하게 양반을 조롱하고 모독하는 내용이 없으며 따라서 대사도 원하지 않았던 것으로 보인다.

――――――――――― 〈보기〉 ―――――――――――

　　서낭제탈놀이의 대표적인 것으로 관노가면극과 하회별신굿탈놀이가 있는데 이 중 현재 중요무형문화재로 지정된 것은 관노가면극 뿐이다. (그르다.)

① ○　　　　　　　　　　　　　　　　　　　② ×

✔해설　제시된 지문을 통해 하회별신굿탈놀이가 중요무형문화재로 지정되었는지 여부는 알 수 없기 때문에 보기의 설명에 대해 '그르다'라고 한 것은 옳지 않다.

34

　　격구는 옛날 무관들과 민간에서 하던 무예의 한 가지로 말을 탄 채 숟가락처럼 생긴 막대기로 공을 쳐서 상대방 문에 넣는 놀이를 말하며 민간에서는 이를 공치기 또는 장치기라고 하였고 중국에서는 타구라고 불렀다. 중국에서는 북방민족인 요나라나 금나라 사람들이 이를 즐겼으며 최치원이 당나라에 머물러 있을 때에도 크게 유행하였다고 전하지만 우리나라에서는 언제부터 격구를 하였는지 확실한 기록이 없다. 이러한 격구는 고려 의종 이후에는 차차 국가적인 오락 행사가 되었으며 특히 궁중에서는 단오절에 이를 성대하게 벌였다. 조선시대에 들어와서는 세종이 격구의 의의를 강조하면서 "격구를 잘 하는 사람이라야 말타기와 활쏘기를 잘 할 수 있으며 창과 검술도 능란하게 된다."고까지 하였다. 특히 조선시대 때는 중요한 무예의 하나로 여겨 정기적인 군대 열병식에서는 반드시 이를 실시하였고 나아가 무과시험의 과목에까지 포함시켰다.

――――――――――― 〈보기〉 ―――――――――――

　　격구가 우리나라에서 언제부터 행해졌는지에 대해 기록한 자료는 현재 찾아볼 수 없다. (알 수 없다.)

① ○　　　　　　　　　　　　　　　　　　　② ×

✔해설　제시된 지문을 통해 보기의 내용을 알 수 있기 때문에 보기의 설명에 대해 '알 수 없다'라고 한 것은 옳지 않다.

35

간송미술관은 우리나라 최초의 사립박물관인데 일제강점기 당시 간송 전형필이 수집한 고미술품을 정리·연구·전시하여 일제에 의해 왜곡된 우리 역사를 바로잡고 민족문화의 자긍심을 되찾고자 설립되었다. 간송미술관은 1938년 전형필이 세운 보화각이 그 전신으로 이후 그 아들들이 대를 이어 1966년 간송미술관과 한국민족미술연구소로 새롭게 발족하였다. 현재 이곳에는 전적·고려청자·조선백자·불상·그림·글씨·부도·석탑 등에 걸쳐 다양한 문화재들이 소장되어 있으며 그 중에는 훈민정음·청자상감운학문 매병·신윤복필 풍속도 화첩 등 국보 12점, 보물 10점 등의 국가지정문화재와 서울시 지정문화재 4점도 포함되어 있다. 전시회는 회화·서예·도예·서화로 나뉘어 매년 봄·가을 2주일씩 2회 개최하며 이 밖의 상설전시는 하지 않는다. 지금까지 80여 회의 전시회를 통해 약 1천여 점의 소장품이 일반에게 공개되었으며 전시회와 함께 논문집 「간송문화」를 발간하고 있다.

── 〈보기〉 ──

간송미술관에는 현재 다수의 국보급 및 보물급 문화재들이 소장되어 있는데 이들은 모두 일제강점기에 전형필이 수집한 문화재들이다. (알 수 없다.)

① ○　　　　　　　　　　　　　　② ×

✔해설 제시된 지문을 통해 간송미술관에 소장된 다수의 국보급 및 보물급 문화재들이 모두 일제강점기에 수집된 것인지는 정확하게 알 수 없기 때문에 보기의 설명에 대해 '알 수 없다'라고 한 것은 옳다.

36

태즈메이니아 주머니 너구리 또는 태즈메이니아 데빌은 유대류의 주머니고양이목의 동물로, 태즈메이니아 산 주머니 곰이라고도 한다. 털색은 보통 검은색 또는 암흑다색 바탕이며, 앞가슴에 흰색 달 모양 무늬가 있으며, 목·어깨 등에 작은 흰색 무늬가 있다. 기분 나쁜 울음소리 때문에 '데빌'(악마)이라는 이름이 붙었다. 태즈메이니아 데빌은 주로 오스트레일리아 태즈메이니아 섬에 분포하며, 전반적으로는 북동부에 많다. 이 동물은 건조한 숲과 나무가 많은 곳을 좋아하며 가끔씩 도로 주변에서도 발견된다.

─── 〈보기〉 ───

태즈메이니아 데빌은 그 울음소리로 인해 '데빌'이란 이름이 붙었다. (옳다.)

① ○   ② ×

✔해설 제시된 지문을 통해 태즈메이니아 데빌이 현재 멸종 위기 종으로 분류되어 있는지를 알 수 있기 때문에 보기의 설명에 대해 '옳다'라고 한 것은 옳다.

─── 〈보기〉 ───

태즈메이니아 데빌은 현재 멸종 위기 종으로 분류되어 있다. (그르다.)

① ○   ② ×

✔해설 제시된 지문을 통해 태즈메이니아 데빌이 현재 멸종 위기 종으로 분류되어 있는지를 알 수 없기 때문에 보기의 설명에 대해 '그르다'라고 한 것은 옳지 않다.

─── 〈보기〉 ───

태즈메이니아 데빌은 오스트레일리아 태즈메이니아 섬에 분포하며 태즈메이니아 주머니 너구리 또는 태즈메이니아 산 주머니 곰이라고도 부른다. (알 수 없다.)

① ○   ② ×

✔해설 제시된 지문을 통해 보기의 내용을 알 수 있기 때문에 보기의 설명에 대해 '알 수 없다'라고 한 것은 옳지 않다.

37

8월 10일 미국 샌디에이고 주립대 연구진은 지구에서 약 1400광년 떨어진 거문고자리에서 두 개의 태양 주위를 도는 행성 '케플러-453b'를 발견했다. 케플러-453b는 무게가 지구의 17배가 넘고 직경은 지구의 6.2배나 된다. 태양계로 치면 목성과 같은 덩치가 큰 가스형 행성이라 생명체가 존재할 가능성은 없다. 연구팀은 케플러-453b가 우리 태양의 94%, 20% 크기의 두 항성을 지구날짜로 240일 주기로 공전한다는 사실을 알아냈다. 두 개의 태양이 행성에 어떤 영향을 미치는지에 대해서는 추가 연구를 통해 알아낼 계획이다.

―――――― 〈보기〉 ――――――

케플러-453b는 태양 주위를 돌고 있다. (알 수 없다.)

① ○   ② ×

✔해설 제시된 지문을 통해 보기의 내용을 알 수 있기 때문에 보기의 설명에 대해 '알 수 없다'라고 한 것은 옳지 않다.

―――――― 〈보기〉 ――――――

케플러-453b는 우리 태양의 약 94%, 80% 크기의 두 항성을 지구 날짜로 240일 주기로 공전한다. (그르다.)

① ○   ② ×

✔해설 제시된 지문을 통해 보기의 내용이 틀린 사실임을 알 수 있기 때문에 보기의 설명에 대해 '그르다'라고 한 것은 옳다.

―――――― 〈보기〉 ――――――

케플러-453b는 무게가 지구의 17배가 넘고 직경은 지구의 6.2배나 되는 가스형 행성으로 생명체가 존재할 가능성이 없다. (옳다.)

① ○   ② ×

✔해설 제시된 지문을 통해 보기의 내용이 옳은 사실임을 알 수 있기 때문에 보기의 설명에 대해 '옳다'라고 한 것은 옳다.

Answer 36.①②② 37.②①①

38

   빙설기후는 지구 양극에 해당하는 지역에 나타나는데 북반구의 그린란드 내륙과 남반구의 남극대륙이 이에 해당한다. 이 기후는 만년설로 뒤덮여 빙하를 이루기 때문에 빙관기후(Ice cap climate)라고도 불리며 지구의 모든 기후구 중 가장 혹독한 기후구에 속한다. 엄청 낮은 기온과 강한 폭풍이 대표적인 현상이다. 낮은 기온은 빙설로 인한 복사냉각과 함께 해발고도(남극의 평균고도는 2,200m)가 높기 때문이다. 가장 더운 달에도 평균기온이 0도 이하를 보인다. 최한월 평균기온은 영하 51도에서 영하 34도에 이른다. 강한 바람은 급격히 냉각된 중력풍 때문에 생긴다. 남극대륙에서 부는 강력한 폭풍인 블리자드(blizzard)가 좋은 예다. 또한 이 기후대는 지상 고기압이 발달하여 공기가 건조하고 안정적이다. 강수량은 연간 130mm 이하로 사막기후와 비슷하다. 낮은 기온과 건조함으로 인해 식생이 거의 자라지 못한다. 빙설기후지역에 해당하는 북극과 남극의 지리환경을 살펴보면 북극지역은 북미와 유라시아 대륙으로 둘러싸인 해양이다. 통상 북위 66도 이상의 북극권을 말하며 다른 말로 산림성장 한계선, 빙하 남하 한계선, 영구 동토선 이북 등을 지칭하기도 한다. 기후 구분으로는 7월 평균기온이 10℃인 등온선 이북 지역을 말한다. 북극해의 면적은 1,200만㎢로 지중해의 4배 정도이고 평균 수심은 1,200m이다. 그리고 연중 두꺼운 얼음으로 덮여 있다. 하지만 최근에는 지구온난화로 인해 여름철에 얼음이 녹는 지역이 점차 늘어나고 있다. 남극은 남극해로 둘러싸여 있는 대륙으로 대륙 면적은 약 1,310만㎢(한반도의 60배) 정도이다. 남극 대륙 전체 면적의 98% 정도가 두꺼운 얼음과 눈으로 덮여 있다. 이러한 북극과 남극의 가장 큰 차이는 북극은 바다이고, 남극은 대륙이라는 점이다.

─────────── 〈보기〉 ───────────

   빙설기후는 엄청 낮은 기온과 강한 폭풍이 대표적인 현상으로 최한월 평균기온은 영하 80도에서 영하 51도에 이른다. (그르다.)

① ○   ② ×

✔ **해설** 제시된 지문을 통해 보기의 내용이 틀렸음을 알 수 있기 때문에 보기의 설명에 대해 '그르다'라고 한 것은 옳다.

〈보기〉

최근 지구 온난화로 인해 북극해와 남극대륙의 면적이 빠른 속도로 줄어들고 있어 국제적인 노력이 시급하다. (알 수 없다.)

① ○   ② ×

✔️**해설** 제시된 지문을 통해 보기의 내용은 알 수 없기 때문에 보기의 설명에 대해 '알 수 없다'라고 한 것은 옳다.

───────── 〈보기〉 ─────────

북극과 남극의 가장 큰 차이는 북극은 대륙이고 남극은 바다라는 점이다. (그르다.)

① ○   ② ×

✔️**해설** 제시된 지문을 통해 보기의 내용이 틀렸음을 알 수 있기 때문에 보기의 설명에 대해 '그르다'라고 한 것은 옳다.

39

최근 화석연료의 고갈 그리고 화석연료의 사용에 따른 지구온난화 등에 따라 재생가능에너지(renewable energy)의 중요성과 비중이 점차 높아지고 있다. 재생가능에너지란 자연 상태에서 만들어진 에너지를 일컫는데, 태양에너지, 풍력에너지, 수력에너지, 지열에너지, 생물자원에너지, 조력에너지, 파도에너지 등이 그것이다. 그러나 대부분의 재생가능에너지는 태양에너지의 변형이므로 그 양이 한정되어 있고 태양에너지의 영향을 크게 받는다. 하지만 그럼에도 불구하고 지열에너지는 재생가능에너지 중 태양에너지의 영향을 크게 받지 않는 편에 속한다. 지열(地熱)에너지는 지구가 가지고 있는 열에너지를 지칭하는데 지열에너지의 근원은 지구내부에서 우라늄, 토륨, 칼륨과 같은 방사성 동위원소가 붕괴하면서 내는 열(약 83%)과 지구 내부 물질에서 방출하는 열(약 17%)로 이루어져 있다. 지표에서 지하로 내려갈수록 지온은 상승하는데, 지하 10Km까지의 평균 지온증가율은 약 25~30도/km이다. 한편, 지구내부에서 맨틀대류에 의한 판의 경계에서는 100도 이상의 고온 지열지대가 존재하며 따라서 대부분의 지열 발전소는 판의 경계에 위치하고 있다.

―――――― 〈보기〉 ――――――

지열에너지는 재생가능에너지 중에서도 특히 태양에너지의 영향을 상대적으로 덜 받기 때문에 재생가능에너지 중 활용비율이 가장 높다. (그르다.)

① ○   ② ×

✔ **해설** 제시된 지문을 통해 지열에너지가 재생가능에너지 중 활용비율이 가장 높은지는 알 수 없기 때문에 보기의 설명에 대해 '그르다'라고 한 것은 옳지 않다.

---- 〈보기〉 ----

　지열에너지는 지구내부에서 방사성 동위원소가 붕괴하면서 내는 열과 지구에서 반사되는 태양복사 에너지로 이루어져 있다. (옳다.)

① ○　　　　　　　　　　　　　　　　　② ×

✔해설 제시된 지문을 통해 보기의 내용이 틀렸음을 알 수 있기 때문에 보기의 설명에 대해 '옳다'라고 한 것은 옳지 않다.

---- 〈보기〉 ----

　맨틀대류에 의한 판의 경계에서는 100도 이상의 고온 지열지대가 존재한다. (옳다.)

① ○　　　　　　　　　　　　　　　　　② ×

✔해설 제시된 지문을 통해 보기의 내용을 알 수 있기 때문에 보기의 설명에 대해 '옳다'라고 한 것은 옳다.

40

금융거래는 자금공급자로부터 자금수요자로 자금이 이동하는 형태에 따라 직접금융과 간접금융으로 구분된다. 직접금융은 자금수요자가 자기명의로 발행한 증권을 자금공급자에게 팔아 자금공급자로부터 자금을 직접 조달하는 거래이고, 간접금융은 은행과 같은 금융 중개 기관을 통하여 자금이 공급자에게서 수요자에게로 이동되는 거래이다. 직접금융의 대표적인 수단으로 주식·채권 등이 있으며 간접금융거래의 대표적인 수단으로 예금과 대출 등이 있다. 간접금융 또는 주거래은행제도는 다음과 같은 특징을 지닌다. 첫째, 은행과 고객기업 간에는 장기적 거래관계가 있다. 둘째, 은행은 고객기업의 결제구좌의 보유나 회사채 수탁업무 등을 통해 시장이나 다른 금융기관이 입수하기 힘든 기업의 내부정보를 얻어 동 기업이 일시적인 경영위기에 봉착했는가 아니면 근본적인 경영파산 상태에 빠져 있는가 등을 분별해낼 수 있다. 셋째, 은행은 위와 같은 기업 감시 활동을 통해 근본적인 경영파산 상태에 놓인 기업을 중도에 청산시키거나 계속기업으로서 가치가 있으나 일시적인 경영위기에 봉착한 기업을 구제할 수 있다. 그 외에도 은행은 다른 금융기관이나 예금자의 위임된 감시자로서 활동하여 정보의 효율성을 향상시킬 수도 있는데, 상대적인 의미에서 이들은 직접금융을 위주로 하는 시장지향형 경제시스템에서 흔치 않은 경험적 사실이라 하겠다.

――――――― 〈보기〉 ―――――――

금융거래는 자금 이동 형태에 따라 직접금융과 간접금융으로 구분된다. (그르다.)

① ○   ② ×

✔ **해설** 제시된 지문을 통해 보기의 내용이 옳은 사실임을 알 수 있기 때문에 보기의 설명에 대해 '그르다'라고 한 것은 옳지 않다.

---〈보기〉---

　직접금융의 대표적인 수단으로 예금과 대출 등이 있으며 간접금융거래의 대표적인 수단으로 주식·채권 등이 있다. (그르다.)

---

① ○　　　　　　　　　　　　　　　　　　② ×

✔**해설**　제시된 지문을 통해 보기의 내용이 틀린 사실임을 알 수 있기 때문에 보기의 설명에 대해 '그르다'라고 한 것은 옳다.

---〈보기〉---

　과거 우리나라 기업의 자금조달 방식을 살펴보면, 주요 선진국에 비해 간접금융이 차지하는 비중이 높았다. (그르다.)

---

① ○　　　　　　　　　　　　　　　　　　② ×

✔**해설**　제시된 지문을 통해 보기의 내용을 알 수 없기 때문에 보기의 설명에 대해 '그르다'라고 한 것은 옳지 않다.

Answer　40.②①②

41

거란도는 발해시대의 주요 대외교통로로서 「신당서」 발해전에는 수도인 상경을 중심으로 하여 각 방면에 이르는 교통로를 설명하고 있는데 그 가운데 부여부는 거란으로 가는 길이라고 하였다. 요나라의 태조가 발해를 공격할 때 먼저 부여성을 함락시킨 뒤 홀한성을 공격한 것이라든가, 부여부에는 항상 날랜 병사를 주둔시켜 거란을 방비하였다는 「신당서」의 기록들로 말미암아 발해와 거란의 교통에는 반드시 부여부를 거쳐야 함을 나타낸 것이다. 그 구체적인 경로는 상경에서 승령을 지나 부여부에 이르고 여기에서 다시 몇 개의 지역을 거친 다음 거란의 도성인 임황(지금의 임동현)에 이르게 된다. 그러나 부여부에서 임황에 이르는 경로에 대해서는 여러 가지 견해가 있는데 이는 학자마다 부여부의 위치를 서로 다른 곳으로 추정하고 있기 때문이다.

──────────── 〈보기〉 ────────────

부여부는 발해에서 거란으로 가는 발해시대 주요 대외교통로 중 하나이다. (알 수 없다.)

① ○   ② ×

✔해설 제시된 지문을 통해 보기의 내용이 옳은 사실임을 알 수 있기 때문에 보기의 설명에 대해 '알 수 없다'라고 한 것은 옳지 않다.

──────────── 〈보기〉 ────────────

부여부에서 거란의 도성인 임황으로 가는 경로에 대해서는 여러 가지 견해가 있는데 이는 그만큼 발해와 거란과의 무역이 활발했음을 보여주는 증거이다. (알 수 없다.)

① ○   ② ×

✔해설 제시된 지문을 통해 보기의 내용이 틀린 사실임을 알 수 있기 때문에 보기의 설명에 대해 '알 수 없다'라고 한 것은 옳지 않다.

──────────── 〈보기〉 ────────────

거란도에 대한 기록은 「신당서」 발해전에서만 찾을 수 있다. (알 수 없다.)

① ○   ② ×

✔해설 제시된 지문을 통해 보기의 내용을 알 수 없기 때문에 보기의 설명에 대해 '알 수 없다'라고 한 것은 옳다.

42

　가락바퀴는 '방주차'라고도 하며 신석기 시대에서 청동기 시대에 걸쳐 사용된 원시적인 방적구 중 하나이다. 즉 짧은 섬유의 경우는 섬유를 길게 이으며 뒤 꼬임을 주어 실을 만들고 긴 섬유의 경우는 꼬임만을 주어 실을 만드는 방적구의 가장 원시적인 형태라고 할 수 있다. 우리나라에서는 황해도 봉산군 문정면 지탑리, 평안남도 용강군 해운면 궁산리, 강원도 양양군 손양면 오산리, 한강 중류의 여주시 점동면 흔암리 유적에서 출토되었다. 가락바퀴는 그 중앙에 둥근 구멍이 뚫려 있는데 그 구멍을 통하여 가락바퀴의 축이 될 막대를 넣어 고정시킨 상태로 만들어서 완성시킨다. 막대의 위쪽 끝에는 갈퀴를 만들어 둔다.

──────── 〈보기〉 ────────

　가락바퀴는 중세에 이르러 물레로 발전하였다. (옳다.)

① ○　　　　　　　　　　　　　② ×

✔해설 제시된 지문을 통해 보기의 내용을 알 수 없기 때문에 보기의 설명에 대해 '옳다'라고 한 것은 옳지 않다.

──────── 〈보기〉 ────────

　가락바퀴는 시대와 장소에 따라 그리고 형태에 따라 다양하게 나타난다. (옳다.)

① ○　　　　　　　　　　　　　② ×

✔해설 제시된 지문을 통해 보기의 내용을 알 수 없기 때문에 보기의 설명에 대해 '옳다'라고 한 것은 옳지 않다.

──────── 〈보기〉 ────────

　여주시 점동면 흔암리 유적은 가락바퀴가 출토된 곳 중 가장 남쪽에 위치한다. (옳다.)

① ○　　　　　　　　　　　　　② ×

✔해설 제시된 지문을 통해 보기의 내용을 알 수 없기 때문에 보기의 설명에 대해 '옳다'라고 한 것은 옳지 않다.

43

　　봉수는 횃불과 연기로써 급한 소식을 전하던 전통시대의 통신제도로 높은 산에 올라가 불을 피워 낮에는 연기로, 밤에는 불빛으로 신호하는 방식이었다. 봉수제도는 우역제와 더불어 신식우편과 전기통신이 창시되기 이전의 전근대국가에서는 가장 중요하고 보편적인 통신방법이었는데 역마나 인편보다 시간적으로 단축되었고, 신속한 효용성을 발휘하여 지방의 급변하는 민정상황이나 국경지방의 적의 동태를 상급기관인 중앙의 병조에 쉽게 연락할 수 있었기 때문이다. 보통 봉수제는 국가의 정치·군사적인 전보기능을 목적으로 설치되었는데 우리나라에서 군사적인 목적으로 설치된 봉수제가 처음 문헌기록에 나타난 시기는 고려 중기 무렵이다. 이후 조선이 건국되면서 조선의 지배층들은 고려시대 봉수제를 이어받았는데 특히 세종 때에는 종래에 계승되어 온 고려의 봉수제를 바탕으로 하고 중국의 제도를 크게 참고하여 그 면모를 새롭게 하였다. 하지만 이러한 봉수제는 시간이 지날수록 점점 유명무실하게 되었고 결국 임진왜란이 일어나자 이에 대한 대비책으로 파발제가 등장하게 되었다. 봉수는 경비가 덜 들고 신속하게 전달할 수 있는 장점이 있으나 적정을 오직 5거의 방법으로만 전하여, 그 내용을 자세히 전달할 수 없어 군령의 시달이 어렵고 또한 비와 구름·안개로 인한 판단곤란과 중도단절 등의 결점이 있었다. 반면에 파발은 경비가 많이 소모되고 봉수보다는 전달속도가 늦은 결점이 있으나 문서로써 전달되기 때문에 보안유지는 물론 적의 병력 수·장비·이동상황 그리고 아군의 피해상황 등을 상세하게 전달할 수 있는 장점이 있었다.

――――― 〈보기〉 ―――――

　　봉수제는 조선시대 초기 그 제도가 확립되어 시간이 지날수록 군사적인 측면에서 큰 역할을 하였다. (알 수 없다.)

① ○ 　　　　　　　　　　　　　　　　　　　② ×

✔해설　제시된 지문을 통해 보기의 내용이 틀린 사실임을 알 수 있기 때문에 보기의 설명에 대해 '알 수 없다' 라고 한 것은 옳지 않다.

봉수제는 국가의 정치·군사적인 전보기능은 물론이고 일반 국민들의 개인적인 의사표시나 서신을 전달할 때도 사용되었다. (옳다.)

① ○   ② ✕

✔ 해설 제시된 지문을 통해 보기의 내용은 알 수 없기 때문에 보기의 설명에 대해 '옳다'라고 한 것은 옳지 않다.

─── 〈보기〉 ───

파발은 봉수에 비해 그 내용을 상세하게 전달할 수 있다는 장점이 있었지만 다른 한편으로는 전달 속도가 느리다는 단점도 가지고 있다. (그르다.)

① ○   ② ✕

✔ 해설 제시된 지문을 통해 보기의 내용이 옳은 사실임을 알 수 있기 때문에 보기의 설명에 대해 '그르다'라고 한 것은 옳지 않다.

44

　　일반적으로 감기라는 말은 독감을 포함한 상기도 감염증을 총괄하여 지칭하기도 하는데 병리학적으로는 감기와 독감은 병을 일으키는 바이러스의 종류와 그 증세에 있어 차이를 보인다. 감기의 경우, 그 증상은 보통 재채기, 두통, 피로감, 몸이 떨리며 춥고, 목이 아프고, 코의 염증(비염), 콧물 등의 증상이 나타나는데 열은 없으며 이러한 증상이 며칠 정도 지속된다. 초기에는 콧물이 나오기 시작하여 점차 그 양이 많아지고 농도가 짙어지며 기침과 함께 가래가 나오기도 한다. 감기를 일으키는 바이러스는 현재까지 약 1백여 종 이상으로 알려져 있는데 한 가지 바이러스가 경우에 따라서는 여러 가지 다양한 증상을 일으킬 수도 있어 원인이 되는 바이러스를 알아내기가 어렵다. 또한 동일한 증상이라도 원인균은 환자의 연령, 거주지, 발병 시기 및 사회적 조건에 따라 다르다. 그러나 대개의 경우 충분한 휴식을 취하고 적절한 수분섭취로 증상을 완화시켜 주면 통상 3~4일 정도면 증상이 소실되고 저절로 나아지는 질병이다. 감기는 호흡기를 통하여 감염되므로 전염력이 매우 강하다. 따라서 감기가 발생하였을 때는 전염방지를 위한 특별한 위생관리가 필요하다. 치료는 충분한 휴식을 취하고 적절한 수분섭취로 증상을 완화시켜 주며, 콧물·두통 등의 증세를 완화시키기 위한 약물을 복용하거나, 2차 감염을 방지하기 위한 항생제를 복용하는 경우가 있다. 반면 독감은 인플루엔자 바이러스라는 특정한 바이러스의 감염증이다. 인플루엔자는 보통의 감기와는 달리 고열이 나고 전신근육통과 쇠약감이 아주 심하다는 특징이 있으며, 무엇보다도 2차 감염·뇌염·심근염 등의 심각한 합병증의 우려가 있기 때문에 주의를 요한다. 특히 독감에 걸리게 되면 기관지의 점막이 손상되고, 이러한 손상을 통해서 일반세균의 2차 감염이 일어나 세균성 폐렴에 걸릴 가능성이 있다. 독감이 걸린 후의 예후는 이러한 2차 감염이 오는가 여부에 달려 있다. 독감은 소아·노인 등에서 심하게 발병하여 때로는 사망의 원인이 되기도 한다.

――――――――――――――― 〈보기〉 ―――――――――――――――

감기는 호흡기를 통하여 감염되므로 특별한 위생관리가 필요하다. (옳다.)

① ○ 　　　　　　　　　　　　　　　　　　　② ×

✔**해설** 제시된 지문을 통해 보기의 내용이 옳은 사실임을 알 수 있기 때문에 보기의 설명에 대해 '옳다'라고 한 것은 옳다.

〈보기〉

독감에 걸려 사망한 사람들 중 대다수는 2차 감염으로 생긴 세균성 폐렴이 그 원인이다. (알 수 없다.)

---

① ○   ② ×

✔해설 제시된 지문을 통해 보기의 내용은 알 수 없기 때문에 보기의 설명에 대해 '알 수 없다'라고 한 것은 옳다.

〈보기〉

감기 바이러스와는 달리 독감 바이러스는 인플루엔자 바이러스라는 특정한 바이러스이기 때문에 바이러스의 퇴치가 쉬운 편이다. (알 수 없다.)

---

① ○   ② ×

✔해설 제시된 지문을 통해 보기의 내용은 알 수 없기 때문에 보기의 설명에 대해 '알 수 없다'라고 한 것은 옳다.

45

가마는 조그마한 집 모양으로 생긴 운송수단으로 안에 사람이 들어앉고, 앞뒤에서 두 사람 또는 네 사람이 밑에 붙은 가마채를 손으로 들거나 끈으로 매어 운반한다. 대개 가마뚜껑과 가마바탕 및 가마채로 이루어지고, 여기에 방석이 곁들여진다. 가마의 범주에 드는 것은 연·덩·가교·사인교·보교 등이 있다. 가마가 언제부터 생겨난 것인지는 확실히 알 수 없지만 신라시대 기와에 바퀴 달린 연 비슷한 것이 새겨진 것이나 고구려의 안악3호분 전실 서측 벽에 있는 주인도와 부인도에 호화로운 가마에 앉아 있는 주인과 부인의 모습이 각각 그려져 있는 것으로 보아 이미 삼국시대 이전에 존재했던 것으로 판단된다. 「고려도경」에도 채여·견여 등을 비롯한 고려시대의 가마에 대해 언급되어 있고 조선시대에는 특히 관리들의 품계에 따라 수레나 가마를 타는 데 차등을 두었던 교여지제가 있었다. 이에 따르면, 평교자는 일품과 기로(60세 이상의 노인), 사인교는 판서 또는 그에 해당하는 관리, 초헌은 종2품 이상, 사인남여는 종2품의 참판 이상, 남여는 3품의 승지와 각 조의 참의 이상, 장보교는 하급관원이 탔다. 한편 가마를 타고 대궐의 문 안에까지 들어갈 수 있었던 사람은 삼정승과 조선 말기의 청나라 공사에 한정되었다.

――― 〈보기〉 ―――

조선시대 때 60세 이상의 노인들은 평교자를 이용할 수 있었다. (그르다.)

① ○   ② ×

✔해설 제시된 지문을 통해 보기의 내용은 옳은 사실임을 알 수 있기 때문에 보기의 설명에 대해 '그르다'라고 한 것은 옳지 않다.

――― 〈보기〉 ―――

조선시대 좌의정은 가마를 타고 대궐의 문 안까지 들어갈 수 있었다. (옳다.)

① ○   ② ×

✔해설 제시된 지문을 통해 보기의 내용이 옳은 설명임을 알 수 있기 때문에 보기의 설명에 대해 '옳다'라고 한 것은 옳다.

――― 〈보기〉 ―――

조선시대에는 관리들의 품계에 따라 수레나 가마를 타는 데 차등을 두는 교어지제가 있었다. (알 수 없다.)

① ○   ② ×

✔해설 제시된 지문을 통해 보기의 내용이 옳은 설명임을 알 수 있기 때문에 보기의 설명에 대해 '알 수 없다'라고 한 것은 옳지 않다.

46

　　가마우지는 가마우지과에 속하는 바닷새로 우리나라에는 가마우지·민물가마우지·쇠가마우지 등 3종이 알려져 있지만 세계적으로는 30종이 보고되어 있다. 몸 색깔은 암수 흑색에 남녹색의 금속광택이 있고, 부리의 주위에서 눈의 주위는 피부가 노출되어 황색 피부의 노출부의 바깥쪽과 얼굴 및 목은 흰색에 녹흑색의 작은 반점이 있다. 가마우지의 알은 담청색에 반점이 없고 표면은 대부분 백색의 석회질로 덮여 있는데 그 모양은 긴 타원형이다. 가마우지류는 집단으로 번식하고 집단으로 이동하는 사회성이 높은 새로 번식기에는 수컷이 집 재료를 모으고 암컷이 집을 짓는데, 주로 바위 위에 지으며 마른풀이나 해초를 주재료로 쓴다. 산란기는 5월 하순에서 7월로 한배의 산란 수는 4, 5개이다. 먹이는 주로 물고기로 어미가 먹이를 집에 가져오면 새끼는 어미의 입속에 머리를 깊이 박고 꺼내 먹는다. 우리나라·일본·대만 등지에 분포하며, 우리나라에서는 특히 울릉도와 제주도에 많이 서식한다. 「동의보감」에 의하면 가마우지의 성(性)이 냉하고 유독하므로 뜨거운 물이나 불에 덴 데에 약으로 쓰는데 물가의 돌 위에 똥이 자색의 꽃처럼 되어 있어 이것을 긁어모아 기름에 섞어서 바른다고 하였다. 또, 어린이의 감질(젖먹이의 조절을 잘못하여 체하여 생기는 병)에는 이것을 분말로 갈아서 멧돼지 간을 구워 찍어 먹으면 특효가 있다고 하였다.

――――――――――― 〈보기〉 ―――――――――――

　　가마우지는 우리나라에서 천연기념물로 지정되어 있다. (그르다.)

① ○　　　　　　　　　　　　　　　　② ×

✔**해설** 제시된 지문을 통해 가마우지가 우리나라에서 천연기념물로 지정되었는지는 알 수 없기 때문에 보기의 설명에 대해 '그르다'라고 한 것은 옳지 않다.

――――――――――― 〈보기〉 ―――――――――――

　　가마우지의 부리는 반점이 없고 표면이 대부분 백색의 석회질로 덮여 있다. (알 수 없다.)

① ○　　　　　　　　　　　　　　　　② ×

✔**해설** 제시된 지문을 통해 보기의 내용이 틀린 사실임을 알 수 있기 때문에 보기의 설명에 대해 '알 수 없다'라고 한 것은 옳지 않다.

――――――――――― 〈보기〉 ―――――――――――

　　가마우지는 번식기를 제외하고는 보통 단독생활을 한다. (그르다.)

① ○　　　　　　　　　　　　　　　　② ×

✔**해설** 제시된 지문을 통해 보기의 내용이 틀린 사실임을 알 수 있기 때문에 보기의 설명에 대해 '그르다'라고 한 것은 옳다.

Answer　　45.②①②　46.②②①

47

가훈은 가정의 윤리적 지침으로서 가족들이 지켜야 할 도덕적인 덕목을 간명하게 표현한 것으로 가계 · 정훈 · 가규라고도 한다. 가정은 사회생활의 기본적인 바탕이 되는 곳이므로 자녀들이 사회를 보는 눈은 가정에서 형성된 가치관을 통해서 길러지게 된다. 따라서 가훈은 사회의 윤리관에 우선하는 것이며 사회교육에서 기대할 수 없는 독특한 교육적 기능을 가지고 있다. 가훈은 주로 수신제가 하는 방법을 가르치는 것으로서 중국에서는 남북조시대 안지추가 지은 「안씨가훈」, 당나라 하동 유씨의 가훈, 송나라 사마광의 가범, 주자가훈, 원채의 원씨세범, 원나라 때의 정씨가범, 명나라 때의 곽위애의 가훈, 방씨가훈 등이 유명하다. 특히 「안씨가훈」은 가장 대표적인 것으로서 가족도덕을 비롯하여 학문 · 교양 · 사상 · 생활양식과 태도, 처세와 교제방법, 언어 · 예술에 이르기까지 구체적인 체험과 사례들을 열거하여 자세히 기록하였으며, 시세에 편승하지 않고 조화와 평화, 안전을 중요시하며 소박하고 견실한 가정생활을 이상으로 삼고 있다. 또한 가훈으로서 뿐 아니라 사회 · 경제를 비롯한 모든 면에서 당시의 풍조를 연구하는 데 「안씨가훈」은 가치 있는 자료이다. 우리나라에서는 가훈이 없는 집안이 거의 없을 정도로 보편화되어 있는데 김유신 집안의 '충효', 최영 집안의 '황금 보기를 돌같이 하라.', 신사임당의 '신의 · 지조 · 청백 · 성실 · 우애', 김굉필의 '인륜', 이언적의 '근검과 절약', 이이의 '화목과 우애' 등은 오랫동안 그들 집안의 생활신조로 이어졌던 대표적인 가훈들이다.

──────────── 〈보기〉 ────────────
가훈은 중국의 남북조시대 때 처음 만들어져 우리나라로 전해진 것이다. (알 수 없다.)

① ○   ② ✕

✔ **해설** 제시된 지문을 통해 보기의 내용을 알 수 없기 때문에 보기의 설명에 대해 '알 수 없다'라고 한 것은 옳다.

──────────── 〈보기〉 ────────────
최영 집안의 '황금 보기를 돌같이 하라.'라는 가훈은 오늘날까지도 그들 집안에 전해 내려오고 있다. (그르다.)

① ○   ② ✕

✔ **해설** 제시된 지문을 통해 보기의 내용을 알 수 없기 때문에 보기의 설명에 대해 '그르다'라고 한 것은 옳지 않다.

──────────── 〈보기〉 ────────────
우리나라의 모든 가훈은 중국의 「안씨가훈」을 모델로 삼고 있다. (알 수 없다.)

① ○   ② ✕

✔ **해설** 제시된 지문을 통해 보기의 내용을 알 수 없기 때문에 보기의 설명에 대해 '알 수 없다'라고 한 것은 옳다.

48

가문비나무는 소나무과에 속하는 고산성 상록침엽수로 감비나무 혹은 당회·어린송·삼송 등으로도 불린다. 특히 어린송이란 나무껍질이 고기비늘 모양을 한 데서 붙여진 이름이다. 높이는 40m, 지름은 1m에 달하고 수피는 비늘처럼 벗겨지며 수관은 원추형이다. 잎은 1, 2㎝ 길이로 편평한 선형이며 끝이 뾰족하다. 수꽃은 황갈색, 암꽃은 자줏빛으로 되어있고 그 길이는 15㎜ 정도이다. 열매는 황록색의 타원체로서 밑으로 처지는데 그 길이는 대략 4~7.5㎝로 실편이 떨어지지 않는다. 가문비나무는 높고 추운 곳이 아니면 좀처럼 살기 힘든 식물로 해발고도 500~2,300m까지의 산지에서 자생하며 전나무·잣나무와 함께 북쪽의 상록침엽수림을 구성하는 나무이다. 이 나무는 민족항일기 이전에는 풍부한 목재자원을 이루고 있었으나, 일본의 수탈로 많이 벌채되었다. 한반도 남쪽지방에서는 지리산을 비롯한 덕유산·설악산 등에서 볼 수 있으며 우리나라뿐 아니라 일본의 북해도와 중국·만주·우수리 등에서도 분포한다.

──────────── 〈보기〉 ────────────

가문비나무를 어린송이라 부르는 것은 다른 소나무과의 식물보다 그 크기가 작기 때문이다. (그르다.)

① ○   ② ×

✔해설 제시된 지문을 통해 보기의 내용이 틀린 사실임을 알 수 있기 때문에 보기의 설명에 대해 '그르다'라고 한 것은 옳다.

──────────── 〈보기〉 ────────────

가문비나무는 북쪽의 상록침엽수림을 구성하는 나무로 500~2,300m까지의 산지에서 자생한다. (알 수 없다.)

① ○   ② ×

✔해설 제시된 지문을 통해 보기의 내용이 옳은 사실임을 알 수 있기 때문에 보기의 설명에 대해 '알 수 없다'라고 한 것은 옳지 않다.

──────────── 〈보기〉 ────────────

가문비나무는 일제시대 일본의 수탈로 많이 벌채되었다. (옳다.)

① ○   ② ×

✔해설 제시된 지문을 통해 보기의 내용이 옳은 사실임을 알 수 있기 때문에 보기의 설명에 대해 '옳다'라고 한 것은 옳다.

49

「가곡원류」는 1876년 박효관과 안민영이 편찬한 가집으로 「청구영언」·「해동가요」와 더불어 3대 시조집으로 일컬어진다. 10여종의 이본 가운데 원본에 가깝다고 추정되는 국립국악원 소장본은 표제가 '가사집'이다. 이본에 따라 청구영언·청구악장·해동악장·화원악보 등의 이칭이 있다. 「가곡원류」의 본편은 남창부 665수, 여창부 191수로 총 856수의 시조작품을 싣고 있으며 작품 배열은 오로지 곡조에 따라 30항목으로 분류하였고 작가의 신분차이나 연대순 등은 전혀 고려하지 않았다. 또한 이름이 알려진 작가와 무명씨의 작품도 곡조에 따라 뒤섞여 있는데 다만 작가가 밝혀진 작품은 그 끝에 작가의 성명과 함께 간단한 약력을 소개하였다. 수록작가의 연대적인 범위는 고구려의 을파소에서부터 조선 고종 때의 안민영에 이르기까지 다양하며 작가의 신분계층도 위로는 열성에서 명공석사·기녀에 이르기까지 폭넓게 다루고 있다. 「청구영언」이나 「해동가요」가 시조문학의 중간보고서라면, 이 「가곡원류」는 그 총결산보고서라고 할 만한데 이는 이 책이 편찬된 직후 우리의 전통문학을 잇는 이른바 신문학의 새 물결이 밀어닥쳐 왔기 때문이다. 특히 「가곡원류」는 이본이 10여종이나 될 정도로 그 유포가 광범위하고 각 작품의 파트를 구비한 시조집의 전범이 될 수 있다.

───── 〈보기〉 ─────
「가곡원류」는 약 10여종의 이본이 있으며 그 중에서 원본에 가깝다고 추정되는 것은 현재 국립국악원에서 소장하고 있다. (알 수 없다.)

① ○   ② ×

✔해설 제시된 지문을 통해 보기의 내용이 옳은 사실임을 알 수 있기 때문에 보기의 설명에 대해 '알 수 없다'라고 한 것은 옳지 않다.

───── 〈보기〉 ─────
「가곡원류」는 이름이 알려진 작가와 무명씨의 작품을 곡조에 따라 분명하게 구분하고 있다. (옳다.)

① ○   ② ×

✔해설 제시된 지문을 통해 보기의 내용이 틀린 사실임을 알 수 있기 때문에 보기의 설명에 대해 '옳다'라고 한 것은 옳지 않다.

───── 〈보기〉 ─────
「가곡원류」는 시조문학의 중간보고서 성격을 띠며 「청구영언」·「해동가요」와 더불어 3대 시조집으로 일컬어진다. (그르다.)

① ○   ② ×

✔해설 제시된 지문을 통해 「가곡원류」는 총결산보고서라고 볼 수 있기 때문에 보기의 설명에 대해 '그르다'라고 한 것은 옳다.

50

가문소설은 가문 간의 갈등과 가문 내 구성원 간의 애정 문제 등을 주제로 하여 창작한 고전소설로 방대한 분량의 장편형식으로 이루어져 있다. 가문소설이 조선 후기 정조 때를 전후하여 발전했기 때문에 근대적 성격이 나타나고 있지만 그 중심 내용은 가문 창달을 목적으로 하고 있다. 그 목적의 중요 요소는 대부분 사대부 가문의 복고를 통하여 실학자 및 평민에 맞서는 요소로써 정조 이후 붕괴되어 가는 중앙집권화에의 재건과 퇴폐해 가는 강상(삼강과 오상. 곧 사람이 지켜야 할 도리)의 회복을 위한 목적의식이 뚜렷한 소설이다. 당시 정조의 문풍쇄신운동의 일환으로 유교윤리 회복을 위한 실천을 통해 유가적 질서 회복을 위하여 자생한 것이 보학과 가전문학 사업이었는데 가문소설은 이러한 배경에서 나타난 것이다. 가문소설의 명칭은 가계소설·연대기소설·세대기소설·가족사소설·가문소설 등으로도 불리며 또한 별전이 연작되는 시리즈 소설이라는 점에서 연작소설 또는 별전소설 등으로도 불렸다.

─────── 〈보기〉 ───────

가문소설은 정조의 문풍쇄신운동의 일환인 가전문학 사업을 배경으로 나타났다. (알 수 없다.)

① ○   ② ×

✔ 해설 제시된 지문을 통해 보기의 내용이 옳은 사실임을 알 수 있기 때문에 보기의 설명에 대해 '알 수 없다' 라고 한 것은 옳지 않다.

─────── 〈보기〉 ───────

가문소설은 목적의식이 뚜렷한 소설로 대부분 가문 창달을 목적으로 하고 있다. (그르다.)

① ○   ② ×

✔ 해설 제시된 지문을 통해 보기의 내용이 옳은 사실임을 알 수 있기 때문에 보기의 설명에 대해 '그르다'라고 한 것은 옳지 않다.

─────── 〈보기〉 ───────

가문소설의 대표적인 작품으로 염상섭의 「삼대」, 최만식의 「태평천하」 등이 있다. (옳다.)

① ○   ② ×

✔ 해설 제시된 지문을 통해 보기의 내용을 알 수 없기 때문에 보기의 설명에 대해 '옳다'라고 한 것은 옳지 않다.

Answer　　49.②②①　50.②②②

수리영역

1 다음은 인천공항의 2021년 6월 항공사별 항공통계이다. 자료를 잘못 분석한 것은?

(단위 : 편, 명, 톤)

항공사	운항		여객		화물	
	도착	출발	도착	출발	도착	출발
대한항공	3,912	3,908	743,083	725,524	51,923	50,722
델타항공	90	90	24,220	23,594	159	694
아시아나항공	2,687	2,676	514,468	504,773	29,220	26,159
에어프랑스	43	43	14,069	14,445	727	751
에어서울	406	406	67,037	67,949	36	53
에어캐나다	60	60	16,885	17,176	630	601
이스타항공	515	514	82,409	84,567	139	53
제주항공	1,305	1,301	224,040	223,959	444	336
진에어	894	893	175,967	177,879	498	422
티웨이항공	672	673	109,497	110,150	106	134
합계	10,584	10,564	1,971,675	1,950,016	83,882	79,925

① 2021년 6월 인천공항에 도착한 대한항공 항공기 수는 같은 기간 인천공항에 도착한 아시아나항공 항공기 수와 제주항공 항공기 수의 합보다 적다.

② 2021년 6월 이스타항공을 이용하여 인천공항에 도착한 여객 수는 같은 기간 인천공항에 도착한 전체 여객 수의 5% 이상이다.

③ 에어프랑스, 에어서울, 에어캐나다를 이용하여 2021년 6월 인천공항에서 출발한 화물의 양은 1,400톤 이상이다.

④ 2021년 6월 제주항공을 이용하여 인천공항에서 출발한 여객 수는 같은 기간 티웨이항공을 이용하여 인천공항에서 출발한 여객 수의 2배 이상이다.

2021년 6월 이스타항공을 이용하여 인천공항에 도착한 여객 수는 82,409명으로 같은 기간 인천공항에 도착한 전체 여객 수의

$$\frac{82,409}{1,971,675} \times 100 = 약 \ 4.2(\%)이다.$$

2 다음은 지하가 없는 동일한 바닥면적을 가진 건물들에 관한 사항이다. 이 중 층수가 가장 높은 건물은?

건물	대지면적	연면적	건폐율
A	400m^2	1,200m^2	50%
B	300m^2	840m^2	70%
C	300m^2	1,260m^2	60%
D	400m^2	1,440m^2	60%

※ 건축면적 $= \dfrac{건폐율 \times 대지면적}{100(\%)}$, 층수 $= \dfrac{연면적}{건축면적}$·

① A

② B

③ C

④ D

 해설 층수 $= \dfrac{연면적}{건축면적} = \dfrac{연면적 \times 100(\%)}{건폐율 \times 대지면적}$

㉠ A의 층수 : $\dfrac{1,200m^2 \times 100\%}{50\% \times 400m^2} = 6층$

㉡ B의 층수 : $\dfrac{840m^2 \times 100\%}{70\% \times 300m^2} = 4층$

㉢ C의 층수 : $\dfrac{1,260m^2 \times 100\%}{60\% \times 300m^2} = 7층$

㉣ D의 층수 : $\dfrac{1,440m^2 \times 100\%}{60\% \times 400m^2} = 6층$

Answer 1.② 2.③

3 다음은 A지역출신 210명의 학력을 조사한 표이다. A지역 여성 중 중졸 이하 학력의 비율은 얼마인가?

성별＼학력	초졸	중졸	고졸	대졸	합계
남성	10	35	45	30	120
여성	10	25	35	20	90
합계	20	60	80	50	210

① $\dfrac{11}{24}$

② $\dfrac{7}{18}$

③ $\dfrac{8}{9}$

④ $\dfrac{5}{8}$

✔ 해설 $\dfrac{초졸 + 중졸수}{여성수} = \dfrac{10+25}{90} = \dfrac{35}{90} = \dfrac{7}{18}$

| 4~5 | 다음 자료는 2월 공항별 운항 및 수송현황에 관한 자료이다. 물음에 답하시오.

공항 ＼ 구분	운항편수(편)	여객수(천명)	화물량(톤)
인천	20,818	3,076	249,076
김포	11,924	1,836	21,512
김해	6,406	(㉠)	10,279
제주	11,204	1,820	21,137
청주	(㉡)	108	1,582
광주	944	129	1,290
대구	771	121	1,413
전체	52,822	7,924	306,289

4 위의 자료에 대한 설명으로 옳지 않은 것은?

① 김포공항의 여객수와 제주항공의 여객수의 합은 인천공항의 여객수보다 많다.

② 김포공항의 화물량은 김해공항의 화물량의 2배 이상이다.

③ 인천공항의 화물량은 전체 화물량의 80% 이상을 차지한다.

④ ㉡에 들어갈 수는 655이다.

✔ 해설 ④ 52,822−20,818−11,924−6,406−11,204−944−771=755

5 위의 자료에서 ㉠에 알맞은 수는?

① 830

② 834

③ 838

④ 842

✔ 해설 ② 7,924−3,076−1,836−1,820−108−129−121=834

Answer 3.② 4.④ 5.②

6 다음은 K전자의 연도별 매출 자료이다. 2020년 1분기의 판관비가 2억 원이며, 매 시기 1천만 원씩 증가하였다고 가정할 때, K전자의 매출 실적에 대한 올바른 설명은 어느 것인가?

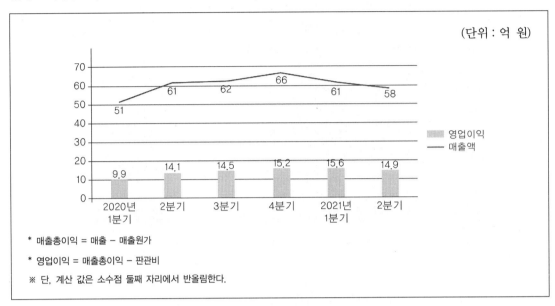

(단위 : 억 원)

* 매출총이익 = 매출 − 매출원가

* 영업이익 = 매출총이익 − 판관비

※ 단, 계산 값은 소수점 둘째 자리에서 반올림한다.

① 매출원가가 가장 큰 시기의 매출총이익도 가장 크다.

② 매출액 대비 영업이익을 나타내는 영업이익률은 2021년 1분기가 가장 크다.

③ 매출총이익에서 판관비가 차지하는 비중은 2020년 1분기가 가장 크다.

④ 매출원가와 매출총이익의 증감 추이는 영업이익의 증감 추이와 매 시기 동일하다.

✔ 해설 판관비를 대입하여 시기별 매출 자료를 다음과 같이 정리해 볼 수 있다.

(단위 : 억 원)

	'20. 1분기	2분기	3분기	4분기	'21. 1분기	2분기
매출액	51	61	62	66	61	58
매출원가	39.1	44.8	45.3	48.5	43.0	40.6
매출 총이익	11.9	16.2	16.7	17.5	18.0	17.4
판관비	2.0	2.1	2.2	2.3	2.4	2.5
영업이익	9.9	14.1	14.5	15.2	15.6	14.9

따라서 매출총이익에서 판관비가 차지하는 비중은 2.0÷11.9×100=16.8(%)인 2020년 1분기가 가장 크다.

① 매출원가는 2020년 4분기가 가장 크나, 매출총이익은 2021년 1분기가 가장 크다.

② 2021년 1분기의 영업이익률은 15.6÷61×100 =25.6(%)이고, 2021년 2분기의 영업이익률은 14.9÷58×100=25.7(%)이다.

④ 2021년 1분기에는 매출총이익과 영업이익이 증가하였으나, 매출원가는 감소하였다.

7 다음 표는 ㈎, ㈏, ㈐ 세 기업의 남자 사원 400명에 대해 현재의 노동 조건에 만족하는가에 관한 설문 조사를 실시한 결과이다. ㉠～㉣ 중에서 옳은 것은 어느 것인가?

구분	불만	어느 쪽도 아니다	만족	계
㈎회사	34	38	50	122
㈏회사	73	11	58	142
㈐회사	71	41	24	136
계	178	90	132	400

㉠ 이 설문 조사에서는 현재의 노동 조건에 대해 불만을 나타낸 사람은 과반수를 넘지 않는다.
㉡ 가장 불만 비율이 높은 기업은 ㈐회사이다.
㉢ 어느 쪽도 아니다라고 회답한 사람이 가장 적은 ㈏회사는 가장 노동조건이 좋은 기업이다.
㉣ 만족이라고 답변한 사람이 가장 많은 ㈏회사가 가장 노동조건이 좋은 회사이다.

① ㉠, ㉡   ② ㉠, ㉢
③ ㉡, ㉢   ④ ㉢, ㉣

✔해설 각 회사의 조사 회답 지수를 100%로 하고 각각의 회답을 집계하면 다음과 같은 표가 된다.

구분	불만	어느 쪽도 아니다	만족	계
㈎회사	34(27.9)	38(31.1)	50(41.0)	122(100.0)
㈏회사	73(51.4)	11(7.7)	58(40.8)	142(100.0)
㈐회사	71(52.2)	41(30.1)	24(17.6)	136(100.0)
계	178(44.5)	90(22.5)	132(33.0)	400(100.0)

㉢ 어느 쪽도 아니다라고 답한 사람이 가장 적다는 것은 만족이거나 불만으로 나뉘어져 있는 것만 나타내는 것이며 노동 조건의 좋고 나쁨과는 관계가 없다.
㉣ 만족을 나타낸 사람의 수가 ㈏회사가 가장 많았으나 142명 중 58명으로 40.8%이므로 ㈎회사의 42%보다 낮다.

8 다음은 연도별, 상품군별 온라인쇼핑 거래액 구성비를 나타낸 자료이다. 다음 자료에 대한 올바른 설명이 아닌 것은 어느 것인가? (단, 계산 값은 소수점 둘째 자리에서 반올림한다)

(단위 : %)

구분	2020년		2021년			
	2월		1월		2월	
	온라인	모바일	온라인	모바일	온라인	모바일
컴퓨터 및 주변기기	6.3	3.7	5.6	3.5	5.6	3.7
가전 · 전자 · 통신기기	8.8	7.7	9.8	8.7	9.6	8.7
서적	2.2	1.2	2.4	1.9	2.0	1.2
사무 · 문구	0.8	0.5	0.8	0.5	0.9	0.5
의복	12.8	13.5	9.9	10.5	9.3	9.7
신발	1.8	2.1	1.5	1.7	1.6	1.8
가방	2.2	2.7	2.3	2.7	2.4	2.8
음 · 식료품	7.9	9.3	9.2	10.7	10.0	11.1
농축수산물	2.3	2.6	2.8	3.2	3.5	3.6
생활용품	8.7	9.4	8.0	8.4	7.9	8.3
자동차용품	1.1	1.1	0.9	0.9	0.9	0.8
가구	2.9	3.0	2.8	2.9	3.0	3.1
애완용품	0.8	1.0	0.8	0.9	0.7	0.8
여행 및 교통서비스	14.1	12.6	15.1	13.8	13.8	13.1

① 2021년 2월의 전년 동기 대비 거래액 비중이 증가한 모바일 상품군은 모두 6가지이다.

② 농축수산물의 2021년 2월 모바일 거래액 비중은 전년 동기 대비 38.5% 증가하였다.

③ 여행 및 교통서비스는 매 시기마다 가장 많은 모바일 거래액 비중을 차지한다.

④ 3개의 비교시기에서 온라인 거래액 비중이 꾸준히 증가한 상품군은 모두 3가지이다.

✔해설 2020년 2월에 모바일 거래액 비중이 가장 많은 것은 여행 및 교통서비스가 아닌 의복 상품군이다.
① 가전 · 전자 · 통신기기, 가방, 음 · 식료품, 농축수산물, 가구, 여행 및 교통서비스로 모두 6개 상품군이다.
② 2.6%에서 3.6%로 1%p 증가하였으므로 전년 동기 대비 (3.6-2.6)÷2.6×100=38.5(%) 증가하였다.
④ 가방, 음 · 식료품, 농축수산물 3개 상품군이 해당된다.

9~12| 다음은 어느 시험의 통계사항을 나타낸 표이다. 물음에 답하시오. (단, 모든 계산은 소수점 둘째 자리에서 반올림한다)

구분	접수인원(명)	응시인원(명)	합격자수(명)	합격률(%)
1회		2,468	1,120	57.6
2회	1,808	(가)	605	43.1
3회	2,013	1,422	(나)	34.0
4회	1,148	852	540	(다)
5회	5,057	4,197	1,120	26.7

9 (가)에 들어갈 수로 알맞은 것은?

① 1,301   ② 1,398

③ 1,404   ④ 1,432

> ✔ 해설 $\dfrac{605}{x} \times 100 = 43.1 \rightarrow 43.1x = 60,500$
>
> $\therefore x = 1,404(명)$

10 (나)에 들어갈 수로 알맞은 것은?

① 483   ② 513

③ 527   ④ 673

> ✔ 해설 $\dfrac{x}{1,422} \times 100 = 34 \rightarrow 100x = 48,348$
>
> $\therefore x = 483(명)$

11 (다)에 들어갈 수로 알맞은 것은?

① 45.3   ② 52.5

③ 63.4   ④ 65.8

> ✔ 해설 $\dfrac{540}{852} \times 100 = 63.4(\%)$

Answer   8.③   9.③   10.①   11.③

12 주어진 표를 바탕으로 만든 그래프로 다음 중 옳지 않은 것은?

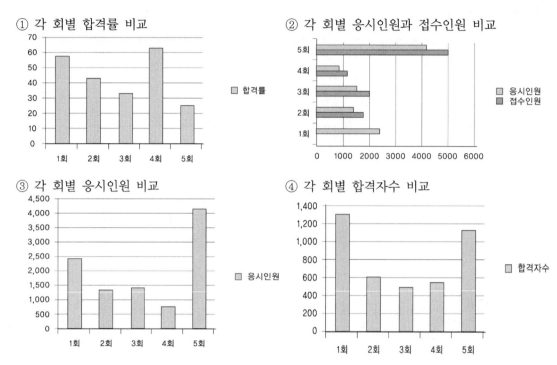

① 각 회별 합격률 비교

② 각 회별 응시인원과 접수인원 비교

③ 각 회별 응시인원 비교

④ 각 회별 합격자수 비교

✔ 해설 1회의 합격자수의 수치가 표와 다르다.

13 다음은 소득계층별 저축률 추이를 나타낸 것이다. 자료를 바르게 분석한 것은? (단, 경제성장률은 0보다 크다)

구분 연도	상위 30%	중위 40%	하위 30%
2010	38	22	0
2015	37	20	−4
2020	35	15	−12

㉠ 모든 계층의 소득이 줄어들고 있다.
㉡ 국내총생산 규모가 점차 감소하고 있다.
㉢ 하위 30% 계층의 가계 부채가 증가하고 있다.
㉣ 이자 소득에 있어서 각 계층 간 격차가 심화되고 있다.

① ㉠, ㉡
② ㉠, ㉢
③ ㉡, ㉢
④ ㉢, ㉣

✔해설 ㉠ 저축률이 줄고 있는 것은 알 수 있지만, 소득이 줄고 있는지는 알 수 없다.
㉡ 주어진 자료로는 국내총생산 규모가 감소하는지 알 수 없다.

14 다음은 A~D국의 유학비용을 항목별로 나타낸 자료이다. 평균 비용이 다섯 국가 중 가장 높은 항목이 한 항목도 없는 국가는 어디인가? (단, '합계'도 항목에 포함함)

구분	학비	숙박비	생활비	합계
A국	100~120만 원	70~90만 원	50~70만 원	220~280만 원
B국	100~120만 원	80~90만 원	30~60만 원	180~250만 원
C국	75~90만 원	40~70만 원	30~40만 원	145~200만 원
D국	130~170만 원	50~70만 원	40~70만 원	220~290만 원

① A국 ② B국

③ C국 ④ D국

✔해설 항목별 비용이 고정값이 아닌 구간으로 제시되어 있으므로 중앙값을 평균으로 보아야 한다. 각 국의 항목별 중앙값과 가장 높은 나라를 구하면 다음과 같다.

구분	학비	숙박비	생활비	합계
A국	110만 원	80만 원	60만 원	250만 원
B국	110만 원	85만 원	45만 원	215만 원
C국	82.5만 원	55만 원	35만 원	172.5만 원
D국	150만 원	60만 원	55만 원	255만 원

따라서 평균 비용이 다섯 국가 중 가장 높은 항목이 한 항목도 없는 국가는 C국이다.

15 당신은 K광물자원공사 연구개발팀에 근무한다. 하루는 상사가 6개 광종의 위험도와 경제성 점수에 관한 자료를 주며 분류기준에 따라 6개 광종을 분류해 오라고 지시하였다. 다음 중 바르게 분류한 것은?

〈분류기준〉

• 비축필요광종 : 위험도와 경제성 점수가 모두 3.0을 초과하는 경우
• 주시광종 : 위험도와 경제성 점수 중 하나는 3.0점 초과, 다른 하나는 2.5점 초과 3.0점 이하인 경우
• 비축제외광종 : 비축필요광종 또는 주시광종에 해당하지 않는 광종

〈6개 광종의 위험도와 경제성 점수〉

항목＼광종	금광	은광	동광	연광	아연광	철광
위험도	2.5	4.0	2.5	2.7	3.0	3.5
경제성	3.0	3.5	2.5	2.7	3.5	4.0

① 주시광종으로 분류되는 광종은 2종류이다.

② 비축필요광종으로 분류되는 광종은 은광, 아연광, 철광이다.

③ 모든 광종의 위험도와 경제성 점수가 현재보다 각각 20% 증가하면, 비축필요광종으로 분류되는 광종은 4종류가 된다.

④ 주시광종 분류기준을 위험도와 경제성 점수 중 하나는 3.0점 초과, 다른 하나는 2.5점 이상 3.0점 이하로 변경한다면 금광과 아연광은 주시광종으로 분류된다.

✔해설 ③ 모든 광종의 위험도와 경제성 점수가 현재보다 각각 20% 증가했을 때의 점수는 다음과 같다.

항목＼광종	금광	은광	동광	연광	아연광	철광
위험도	3	4.8	3	3.24	3.6	4.2
경제성	3.6	4.2	3	3.24	4.2	4.8

따라서 위험도와 경제성 점수가 모두 3.0점을 초과하는 비축필요광종은 은광, 연광, 아연광, 철광의 4종류가 된다.

① 주시광종으로 분류되려면 위험도와 경제성 점수 중 하나는 3.0점을 초과하고 다른 하나는 2.5점 초과 3.0점 이하에 속해야 한다. 이러한 광종은 아연광 1종류이다.

② 비축필요광종으로 분류되려면 위험도와 경제성 점수가 모두 3.0점을 초과해야 한다. 이러한 광종은 은광, 철광이다.

④ 주시광종 분류기준을 위험도와 경제성 점수 중 하나는 3.0점 초과, 다른 하나는 2.5점 이상 3.0점 이하로 변경하여도 금광은 하나는 3.0점 초과의 기준을 충족하지 못하여 주시광종으로 분류되지 않는다.

Answer 14.③ 15.③

│16~17│ 다음은 인천공항, 김포공항, 양양공항, 김해공항, 제주공항을 이용한 승객을 연령별로 분류해 놓은 표이다. 물음에 답하시오.

구분	10대	20대	30대	40대	50대	총 인원수
인천공항	13%	36%	20%	15%	16%	5,000명
김포공항	8%	21%	33%	24%	14%	3,000명
양양공항	–	17%	37%	39%	7%	1,500명
김해공항	–	11%	42%	30%	17%	1,000명
제주공항	18%	23%	15%	28%	16%	4,500명

16 인천공항의 이용승객 중 20대 승객은 모두 몇 명인가?

① 1,600명

② 1,700명

③ 1,800명

④ 1,900명

> **✔해설** $5,000 \times 0.36 = 1,800$(명)

17 김포공항 이용승객 중 30대 이상 승객은 김해공항 30대 이상 승객의 약 몇 배인가?(소수점 둘째 자리에서 반올림 하시오)

① 2.3배

② 2.4배

③ 2.5배

④ 2.6배

> **✔해설** ㉠ 김포공항의 30대 이상 승객 : 33% + 24% + 14% = 71%이므로 $3,000 \times 0.71 = 2,130$(명)
> ㉡ 김해공항의 30대 이상 승객 : 42% + 30% + 17% = 89%이므로 $1,000 \times 0.89 = 890$(명)
> 따라서 $2,130 \div 890 ≒ 2.4$(배)

18 다음은 A~E기업의 재무 자료이다. 다음 자료에서 재고자산 회전율이 가장 높은 기업과 매출채권 회전율이 가장 높은 기업을 바르게 짝지은 것은?

(단위 : 억 원)

기업	매출액	재고자산	매출채권	매입채무
A	1,000	50	30	20
B	2,000	40	80	50
C	1,500	80	30	50
D	2,500	60	90	25
E	3,000	80	30	20

※ 재고자산 회전율(회) = $\dfrac{매출액}{재고자산}$

※ 매출채권 회전율(회) = $\dfrac{매출액}{매출채권}$

① A, B

② C, D

③ B, E

④ E, A

 해설

구분	재고자산 회전율(회)	매출채권 회전율(회)
A	$\dfrac{1,000}{50} = 20$	$\dfrac{1,000}{30} = 33.34$
B	$\dfrac{2,000}{40} = 50$	$\dfrac{2,000}{80} = 25$
C	$\dfrac{1,500}{80} = 18.75$	$\dfrac{1,500}{30} = 50$
D	$\dfrac{2,500}{60} = 41.67$	$\dfrac{2,500}{90} = 27.78$
E	$\dfrac{3,000}{80} = 37.5$	$\dfrac{3,000}{30} = 100$

19 다음은 인구 1,000명을 대상으로 실시한 미래 에너지원의 수요예측에 대한 여론조사 자료이다. 이 자료를 통해 미래의 에너지 수요를 평가할 때 가장 옳은 설명에 해당하는 것은?

에너지원 수요 예상 정도	원자력	석유	석탄
많음	51%	30%	25%
적음	40%	65%	68%
모름	9%	5%	7%

① 미래에는 석유를 많이 사용할 것이다.

② 미래에는 석탄을 많이 사용할 것이다.

③ 미래에는 석유보다 원자력의 사용이 늘어날 것이다.

④ 미래에는 원자력, 석유, 석탄 모두를 많이 사용할 것이다.

> ✔해설 ① 석유를 많이 사용할 것이라는 사람보다 적게 사용할 것이라는 사람의 수가 더 많다.
> ② 석탄을 많이 사용할 것이라는 사람보다 적게 사용할 것이라는 사람의 수가 더 많다.
> ④ 원자력을 많이 사용할 것이라는 사람이 많고 석유, 석탄은 적게 사용할 것이라는 사람이 많다.

20 다음은 A, B, C 반도체 업체의 세계시장 점유율을 나타낸 표이다. 이에 대한 설명으로 옳지 않은 것은?

(단위 : %)

분류	2004	2005	2006	2007	2008
A 업체	6.2	6.5	6.9	7.6	8.2
B 업체	4.8	4.7	4.6	4.5	4.0
C 업체	3.2	3.5	3.1	2.9	2.8

① 2004년부터 A업체의 세계시장 점유율은 꾸준히 증가하고 있다.

② 2004년부터 B업체의 세계시장 점유율은 계속해서 감소하고 있다.

③ 2009년도 B업체의 세계시장 점유율 전망은 비관적으로 4.0% 미만일 것이다.

④ 제시된 표에서 C업체의 세계시장 점유율이 가장 큰 폭으로 하락한 시기는 2006년과 2007년 사이이다.

> ✔해설 C업체의 세계시장 점유율이 가장 큰 폭으로 하락한 시기는 2005년과 2006년 사이이다.

21 다음은 성인 남녀 1천 명을 대상으로 실시한 에너지원별 국민인식 조사 결과이다. 다음 자료를 올바르게 해석한 것은 어느 것인가?

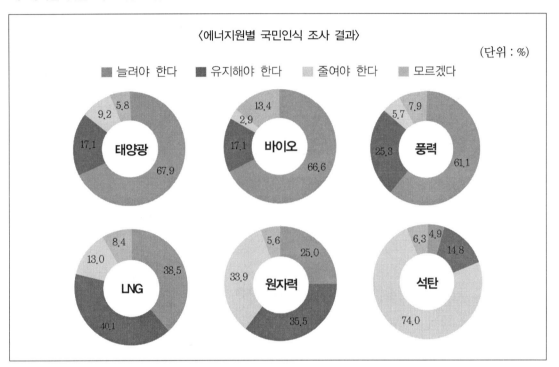

〈에너지원별 국민인식 조사 결과〉

(단위 : %)

■ 늘려야 한다 ■ 유지해야 한다 ■ 줄여야 한다 ■ 모르겠다

태양광: 5.8 / 9.2 / 17.1 / 67.9

바이오: 13.4 / 2.9 / 17.1 / 66.6

풍력: 7.9 / 5.7 / 25.3 / 61.1

LNG: 8.4 / 13.0 / 38.5 / 40.1

원자력: 5.6 / 25.0 / 33.9 / 35.5

석탄: 6.3 / 4.9 / 14.8 / 74.0

① 모든 에너지원에 대하여 줄여야 한다는 의견이 압도적으로 많다.

② 유지하거나 늘려야 한다는 의견은 모든 에너지원에서 절반 이상을 차지한다.

③ 한 가지 의견이 절반 이상의 비중을 차지하는 에너지원은 모두 4개이다.

④ 늘려야 한다는 의견이 더 많은 에너지원일수록 줄여야 한다는 의견도 더 많다.

✔해설 태양광, 바이오, 풍력, 석탄의 경우는 '늘려야 한다.'와 '줄여야 한다.'는 의견이 각각 절반 이상의 비중을 차지하는 에너지원이다.
① 줄여야 한다는 의견이 압도적으로 많은 것은 석탄의 경우뿐이다.
② 석탄의 경우는 제외된다.
④ 바이오는 풍력보다 늘려야 한다는 의견이 더 많지만 줄여야 한다는 의견은 더 적다.

22 다음은 2010, 2011년 2월의 목적별 외국인 입국현황을 나타낸 표이다. 이에 대한 설명으로 옳지 않은 것은?

(단위 : 명)

입국목적	2010년 2월	2011년 2월	2010년 2월 대비 증감률(%)
관광	446,551	430,922	-3.5
업무	19,366	18,921	-2.3
유학 · 연수	35,656	42,644	19.6
승무원	61,778	70,118	13.5
기타	75,549	104,484	38.3

① 외국인 승무원 증가 인원은 유학 · 연수를 위해 온 외국인 증가 인원보다 많다.

② 2011년 2월에 관광을 목적으로 입국한 외국인은 관광 이외의 목적으로 온 전체 외국인 수의 두 배 이상이다.

③ 전년 동월에 비해 외국인 입국자의 총 수는 증가했다.

④ 전년 동월 대비 전체 외국인 입국자의 증감률은 5% 이하이다.

> **✔ 해설** ② 2011년 2월에 관광 이외의 목적으로 온 전체 외국인의 수는 236,167명으로 관광목적 외국인의 1/2보다 많다.
>
> ③ 총 외국인 입국자는 638,900명에서 667,089명으로 증가했다.
>
> ④ $\dfrac{667,089 - 638,900}{638,900} \times 100 \fallingdotseq 4.41(\%)$

23 J전자는 올해 10,000대의 TV를 판매하였다. TV 한 대를 판매할 때마다 복권을 한 장씩 고객에게 주고 연말에 추첨하여 다음과 같은 상금을 주려고 한다. 이 쿠폰 한 장의 기댓값은 얼마인지 고르면?

상금	쿠폰의 수
10,000,000	1
5,000,000	2
1,000,000	10
100,000	100
10,000	1,000

① 5,000원 ② 15,000원

③ 27,000원 ④ 55,000원

 해설 TV로 얻을 수 있는 전체 상금은 다음과 같다.
10,000,000×1＋5,000,000×2＋1,000,000
×10＋100,000×100＋10,000×1,000＝50,000,000원이다.
그러므로 쿠폰 한 장의 기댓값은 50,000,000/10,000이므로 5,000원이 된다.

24 다음은 민주가 야간에 본 사람의 성별을 구분하는 능력에 대한 실험 결과표이다. 민주가 야간에 본 사람의 성별을 정확하게 구분할 확률은 얼마인가?

실제성별＼민주의 판정	여자	남자	계
여자	34	15	49
남자	16	35	51
계	50	50	100

① 68% ② 69%

③ 70% ④ 71%

해설 실험결과에 따르면 민주가 여자를 여자로 본 사람이 49명 중에 34명, 남자를 남자로 본 사람이 51명 중에 35명이므로 100명중에 69명의 성별을 정확히 구분했다.

$$\therefore \frac{34＋35}{100} \times 100 ＝ 69(\%)$$

Answer 22.② 23.① 24.②

25 다음 표는 영호의 3월부터 5월까지 국어, 수학 성적을 표시한 것이다. 표에 대한 설명으로 옳지 않은 것은?

구분	3월	4월	5월
국어	83	80	95
수학	70	72	83

① 수학 점수는 꾸준히 올랐다.

② 3개월 국어 점수의 평균은 86점이다.

③ 3개월 수학 점수의 평균은 79점이다.

④ 4월의 국어, 수학 점수의 평균은 76점이다.

✔해설 3개월 수학 점수의 평균은
$$\frac{70+72+83}{3} = 75(점)이다.$$

26 다음은 2015년부터 2017년까지 주요 범죄유형별 범죄자 성별 인원수 및 구성비 추이이다. 위의 표에 대한 설명으로 옳지 않은 것은?

(단위 : 명, %)

구분	성별	2015년		2016년		2017년	
		인원수	구성비	인원수	구성비	인원수	구성비
전체범죄	남성	1,437,943	81.2	1,500,515	81.2	1,357,873	80.6
	여성	333,447	18.8	347,090	18.8	327,588	19.4
강력범죄	남성	24,873	96.3	26,096	96.4	27,849	96.3
	여성	948	3.7	975	3.6	1,078	3.7
절도범죄	남성	81,638	79.1	81,936	77.0	80,494	76.2
	여성	21,528	20.9	24,479	23.0	25,201	23.8
폭력범죄	남성	313,497	84.1	319,297	83.8	303,349	83.4
	여성	59,226	15.9	61,668	16.2	60,162	16.6
교통범죄	남성	467,654	85.1	473,064	85.2	410,337	84.7
	여성	81,720	14.9	82,288	14.8	74,215	15.3

① 2017년 전체범죄자 중 남성범죄자의 비율은 80.6%로 여성의 4배를 초과한다.

② 절도범죄에서 남성범죄자의 비율이 최근 3년간 지속적으로 감소하였다.

③ 최근 3년간 폭력범죄에서 남성범죄자의 비율은 80%이상을 유지하고 있다.

④ 교통범죄에서 여성범죄자 비율이 최근 3년간 지속적으로 증가하였다.

✔해설 교통범죄에서 여성범죄자의 비율은 2015년(14.9), 2016(14.8), 2017(15.3)으로 지속적으로 증가하지 않았다.

27 다음은 A보건사회연구원 및 B관광공사에서 발행한 자료이다. 아래 내용에 대한 설명으로 가장 옳지 않은 것을 고르면?

〈표 1〉 A보건사회연구원 자료

연도	2015	2020	2025	2030
공급				
면허등록	321,503	388,775	460,641	537,101
가용간호사	269,717	290,209	306,491	317,996
임상취업간호사	115,601	124,384	131,362	136,293
비임상취업간호사	22,195	23,882	25,222	26,168
전체 취업간호사	137,796	148,226	156,584	162,461
수요	194,996	215,262	231,665	244,831
수급차(= 수요 – 임상취업간호사)	79,395	90,878	100,303	108,538

〈표 2〉 B관광공사 자료

연도	국내진료해외환자(명)	동반가족 수(명)	의료관광수입(원)	늘어나는 일자리(명)	
				의료부문	관광부문
2012	15만	4.5만	5,946억	8,979	1만 1,833
2013	20만	6만	8,506억	1만 2,845	1만 6,928
2015	30만	9만	1조 4,382억	2만 1,717	2만 8,620
2020	100만	30만	6조 1,564억	9만 2,962	12만 2,513

① 향후 의료 이용량 증가에 따라 간호 및 간병 인력에 대한 수요 확대가 예상된다.
② 간호사에 대한 전반적인 수요가 늘어날 것으로 전망된다.
③ 의료관광분야는 글로벌 사업으로 병원의 해외진출 산업 또한 고부가가치의 일자리 창출 능력이 큰 산업으로 각광 받고 있다.
④ 글로벌 헬스케어 산업의 규모가 증가하고, 다양한 일자리가 창출될 것으로 전망된다.

✔해설 문제에서 주어진 자료는 간호사 인력수급 추계와 한국의료관광 현황 및 전망에 관한 자료이다. 병원의 해외진출에 관한 내용은 문제에서 주어져 있지 않으므로 파악할 수 없다.

28 다음 표는 2016년에서 2020년까지의 커피 수입 현황에 대한 표이다. 다음 중 수입단가가 가장 큰 것은?

(단위 : 톤, 천 달러)

구분＼연도		2016	2017	2018	2019	2020
생두	중량	97.8	96.9	107.2	116.4	100.2
	금액	252.1	234.0	316.1	528.1	365.4
원두	중량	3.1	3.5	4.5	5.4	5.4
	금액	37.1	42.2	55.5	90.5	109.8
커피조제품	중량	6.3	5.0	5.5	8.5	8.9
	금액	42.1	34.6	44.4	98.8	122.4

※ 1) 커피는 생두, 원두, 커피조제품으로만 구분됨

2) 수입단가 = 금액 / 중량

① 2018년 원두
② 2019년 생두
③ 2020년 원두
④ 2019년 커피조제품

 해설

① 2018년 원두의 수입단가 = $\dfrac{55.5}{4.5}$ = 12.33

② 2019년 생두의 수입단가 = $\dfrac{528.1}{116.4}$ = 4.54

③ 2020년 원두의 수입단가 = $\dfrac{109.8}{5.4}$ = 20.33

④ 2019년 커피조제품의 수입단가 = $\dfrac{98.8}{8.5}$ = 11.62

29 아래의 표는 생산 가능한 제품 E, F, G에 관한 정보를 나타낸 것이다. 총 생산시간이 140시간이라고 할 때, 최대한 낼 수 있는 이익은?

구분	E	F	G
1제품 당 이익	5만 원	6만 원	4만 원
1제품 생산시간	2시간	4시간	2시간
총 판매가능 상품	20개	40개	30개

① 130만원
② 170만원
③ 200만원
④ 280만원

✅**해설** 1시간당 가장 이익이 높은 제품을 생산하는 것이 최대한 많은 이익을 얻을 수 있는 방법이다. E제품은 시간 당 2.5만 원, F제품은 1.5만 원, G제품은 2만 원이다. 그렇기 때문에 E제품부터 생산하고, 그 다음 G제품, 마지막으로 F제품을 생산한다. E제품을 20개 생산하면 40시간이 걸리고, 100만 원의 이익을 얻을 수 있다. 그 다음으로 G제품을 30개 생산하면 60시간이 걸리고, 120만 원의 이익을 얻을 수 있다. 마지막으로 남은 40시간으로 F제품을 생산하면 10개를 생산할 수 있고, 60만 원의 이익을 얻을 수 있다. 그러므로 E제품 100만 원, F제품 120만 원, G제품 60만 원으로 총 이익은 280만 원이다.

30 수능시험을 자격시험으로 전환하자는 의견에 대한 여론조사결과 다음과 같은 결과를 얻었다면 이를 통해 내릴 수 있는 결론으로 타당하지 않은 것은?

교육수준	중졸이하		고교중퇴 및 고졸		전문대중퇴 이상		전체	
조사대상지역	A	B	A	B	A	B	A	B
지지율(%)	67.9	65.4	59.2	53.8	46.5	32	59.2	56.8

① 지지율은 학력이 낮을수록 증가한다.
② 조사대상자 중 A지역주민이 B지역주민보다 저학력자의 지지율이 높다.
③ 학력의 수준이 동일한 경우 지역별 지지율에 차이가 나타난다.
④ 조사대상자 중 A지역의 주민수는 B지역의 주민수보다 많다.

✅**해설** 조사대상자의 수는 표를 통해 구할 수 없다.

▎31~32 ▎ 다음은 국민연금 부담에 대한 인식을 취업자와 실업 및 미취업자를 대상으로 조사한 그래프이다. 그래프를 보고 물음에 답하시오.

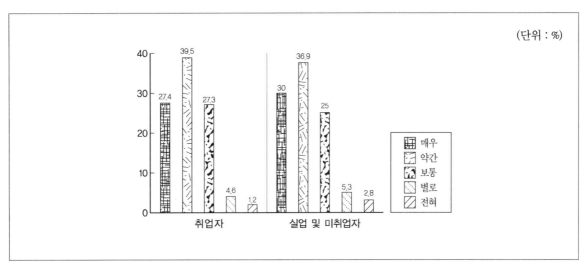

31 취업자 가운데 국민연금이 부담된다는 사람은 몇 %인가?

① 66.9%

② 67.8%

③ 72.3%

④ 75.3%

> ✔ 해설 27.4 + 39.5 = 66.9

32 국민연금이 부담되지 않는다는 사람은 취업자와 실업자에서 각각 몇 %를 차지하는가?

① 5.8%, 8.1%

② 5.9%, 8.0%

③ 4.6%, 5.3%

④ 5.3%, 2.8%

> ✔ 해설 취업자 : 4.6 + 1.2 = 5.8(%)
> 실업자 : 5.3 + 2.8 = 8.1(%)

33 다음은 우리나라 도시가구 연평균 지출 구성비 일부를 나타낸 것이다. 이에 대한 분석 중 적절하지 않은 것은?

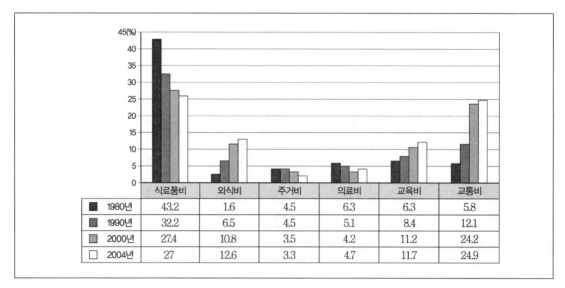

	식료품비	외식비	주거비	의료비	교육비	교통비
■ 1980년	43.2	1.6	4.5	6.3	6.3	5.8
■ 1990년	32.2	6.5	4.5	5.1	8.4	12.1
▨ 2000년	27.4	10.8	3.5	4.2	11.2	24.2
□ 2004년	27	12.6	3.3	4.7	11.7	24.9

① 2004년에는 2000년보다 주거비의 구성비가 감소하였다.

② 2004년의 교육비의 구성비는 1990년보다 3.3%p 증가하였다.

③ 2000년에는 20년 전보다 식료품비와 의료비의 구성비가 감소하였다.

④ 1980년부터 1990년까지 외식비의 구성비가 증가하였기 때문에 주거비의 구성비는 감소하였다.

✔ 해설 주거비는 1980년과 1990년이 4.5%로 동일하다.

34 다음 표는 B 중학교 학생 200명의 통학수단을 조사한 것이다. 이 학교 학생 중 지하철로 통학하는 남학생의 비율은?

(단위 : 명)

통학수단	버스	지하철	자전거	도보	합계
여학생	44	17	3	26	90
남학생	45	22	17	26	110
합계	89	39	20	52	200

① 11%　　　　　　　　　　　　　② 16%

③ 20%　　　　　　　　　　　　　④ 22%

✔ 해설 $\frac{22}{200} \times 100 = 11\,(\%)$

35 다음은 2019년 11월부터 2020년 4월까지의 연령별 취업자 수를 나타낸 표이다. 다음 설명 중 옳지 않은 것은?

(단위 : 천명)

나이	2020. 04	2020. 03	2020. 02	2020. 01	2019. 12	2019. 11
15~19세	129	150	194	205	188	176
20~29세	3,524	3,520	3,663	3,751	3,765	3,819
30~39세	5,362	5,407	5,501	5,518	5,551	5,533
40~49세	6,312	6,376	6,426	6,455	6,483	6,484
50~59세	6,296	6,308	6,358	6,373	6,463	6,497
60세 이상	4,939	4,848	4,696	4,497	4,705	5,006

① 15~19세 연령대는 2020년 3월에 비해 2020년 4월 취업자 수가 줄었다.

② 50~59세 연령대는 2019년 11월부터 2020년 4월까지 취업자 수가 지속적으로 감소하고 있다.

③ 2020년 4월의 취업자 수는 40~49세에 연령대가 20~29세 연령대보다 2배 이상 많다.

④ 60세 이상 연령대는 2020년 2월부터 취업자 수가 계속 증가하고 있다.

✔ 해설 6,312÷3,524≒1.76으로 2배가 안 된다.

Answer　　33.④　34.①　35.③

36 다음은 2010년 코리아 그랑프리대회 기록이다. 1위의 기록이 2시간 48분 20초일 때 대회기록이 2시간 48분 59초 이내인 드라이버는 모두 몇 명인가?

드라이버	1위 와의 기록차이(초)
알론소	0
해밀턴	+ 14.9
마사	+ 30.8
슈마허	+ 39.6
쿠비차	+ 47.7
리우찌	+ 53.5
바리첼로	+ 69.2
가우이	+ 77.8
하펠트	+ 80.1
칼버그	+ 80.8

① 1명   ② 2명
③ 3명   ④ 4명

✔ **해설** 1위와의 기록이 39초 이하로 차이가 나야한다. 따라서 알론소, 해밀턴, 마사 3명이다.

37 다음 표는 A지역 전체 가구를 대상으로 일본원자력발전소 사고 전후의 식수조달원 변경에 대해 설문조사한 결과이다. 사고 전에 비해 사고 후에 이용 가구 수가 감소한 식수조달원의 수는 몇 개인가?

사고 후 조달원 / 사고 전 조달원	수돗물	정수	약수	생수
수돗물	40	30	20	30
정수	10	50	10	30
약수	20	10	10	40
생수	10	10	10	40

① 0개   ② 1개

③ 2개   ④ 3개

 해설

사고 후 조달원 / 사고 전 조달원	수돗물	정수	약수	생수	합계
수돗물	40	30	20	30	120
정수	10	50	10	30	100
약수	20	10	10	40	80
생수	10	10	10	40	70
합계	80	100	50	140	370

수돗물 : 120 → 80
정수 : 100 → 100
약수 : 80 → 50
생수 : 70 → 140
따라서 사고 전에 비해 사고 후에 이용 가구 수가 감소한 식수조달원은 수돗물과 약수 2개이다.

┃38~39┃ 다음 표는 A 자동차 회사의 고객만족도 조사결과이다. 다음 물음에 답하시오.

(단위 : %)

구분	1~12개월(출고 시기별)	13~24개월(출고 시기별)	고객 평균
안전성	41	48	45
A/S의 신속성	19	17	18
정숙성	2	1	1
연비	15	11	13
색상	11	10	10
주행 편의성	11	9	10
차량 옵션	1	4	3
계	100	100	100

38 출고시기에 관계없이 전체 조사 대상 중에서 1,350명이 안전성을 장점으로 선택했다면 이번 설문에 응한 고객은 모두 몇 명인가?

① 2,000명 ② 2,500명
③ 3,000명 ④ 3,500명

✔해설 $45 : 1,350 = 100 : x$
$45x = 135,000$
$\therefore \ x = 3,000$

39 차를 출고 받은 지 12개월 이하 된 고객 중에서 30명이 연비를 선택했다면 정숙성을 선택한 고객은 몇 명인가?

① 2명 ② 3명
③ 4명 ④ 5명

✔해설 $30 : 15 = x : 2$
$15x = 60$
$\therefore \ x = 4$

40 다음은 신재생 에너지 및 절약 분야 사업 현황이다. '신재생 에너지' 분야의 사업별 평균 지원액이 '절약' 분야의 사업별 평균 지원액의 5배 이상이 되기 위한 사업 수의 최대 격차는? (단, '신재생 에너지' 분야의 사업 수는 '절약' 분야의 사업 수보다 큼)

(단위: 억 원, %, 개)

구분	신재생 에너지	절약	합
지원금(비율)	3,500(85.4)	600(14.6)	4,100(100.0)
사업 수	( )	( )	600

① 44개

② 46개

③ 48개

④ 54개

✔ **해설** '신재생 에너지' 분야의 사업 수를 x, '절약' 분야의 사업 수를 y라고 하면

$x + y = 600$ ……㉠

$\dfrac{3,500}{x} \geq 5 \times \dfrac{600}{y} \rightarrow 3,500y \geq 3,000x$ ……㉡

㉠, ㉡을 연립하여 풀면 $y \geq 276.92 \cdots$

따라서 '신재생 에너지' 분야의 사업별 평균 지원액이 '절약 분야의 사업별 평균 지원액의 5배 이상이 되기 위한 사업 수의 최대 격차는 '신재생 에너지' 분야의 사업 수가 323개, '절약' 분야의 사업 수가 277개일 때로 46개이다.

|41~42| 다음 〈표〉는 콩 교역에 관한 자료이다. 이 자료를 보고 물음에 답하시오.

(단위 : 만 톤)

순위	수출국	수출량	수입국	수입량
1	미국	3,102	중국	1,819
2	브라질	1,989	네덜란드	544
3	아르헨티나	871	일본	517
4	파라과이	173	독일	452
5	네덜란드	156	멕시코	418
6	캐나다	87	스페인	310
7	중국	27	대만	169
8	인도	24	벨기에	152
9	우루과이	18	한국	151
10	볼리비아	12	이탈리아	144

41 이 자료에 대한 설명으로 옳지 않은 것은?

① 이탈리아 수입량은 볼리비아 수출량의 12배이다.

② 수출량과 수입량 모두 상위 10위에 들어있는 국가는 네덜란드 뿐이다.

③ 캐나다의 콩 수출량은 중국, 인도, 우루과이, 볼리비아 수출량을 합친 것보다 많다.

④ 수출국 1위와 10위의 수출량은 약 250배 이상 차이난다.

✔ 해설 수출량과 수입량 모두 상위 10위에 들어있는 국가는 네덜란드와 중국이다.

42 네덜란드와 중국의 '수입량 – 수출량'은 각각 얼마인가?

	네덜란드	중국
①	378	1,692
②	378	1,792
③	388	1,692
④	388	1,792

✔ 해설 네덜란드 544−156=388(만 톤)
중국 1,819−27=1,792(만 톤)

43 다음은 A사의 2020년 추진 과제의 전공별 연구책임자 현황에 대한 자료이다. 다음 설명 중 옳지 않은 것을 고르면?

(단위 : 명, %)

전공 \ 연구책임자	남자		여자	
	연구책임자 수	비율	연구책임자 수	비율
이학	2,833	14.8	701	30.0
공학	11,680	61.0	463	19.8
농학	1,300	6.8	153	6.5
의학	1,148	6.0	400	17.1
인문사회	1,869	9.8	544	23.3
기타	304	1.6	78	3.3
계	19,134	100.0	2,339	100.0

① 전체 연구책임자 중 공학전공의 연구책임자가 차지하는 비율이 50%를 넘는다.

② 전체 연구책임자 중 의학전공의 여자 연구책임자가 차지하는 비율은 1.9%이다.

③ 전체 연구책임자 중 인문사회전공의 연구책임자가 차지하는 비율은 12%를 넘는다.

④ 전체 연구책임자 중 농학전공의 남자 연구책임자가 차지하는 비율은 6%를 넘는다.

✔ 해설 $\dfrac{1,869+544}{19,134+2,339} \times 100 ≒ 11.23(\%)$이므로 12(%)를 넘지 않는다.

44 다음은 최근 5년간 혼인형태별 평균연령에 관한 자료이다. A~D에 들어갈 값으로 옳지 않은 것은? (단, 남성의 나이는 여성의 나이보다 항상 많다)

(단위 : 세)

연도	평균 초혼연령			평균 이혼연령			평균 재혼연령		
	여성	남성	남녀차	여성	남성	남녀차	여성	남성	남녀차
2013	24.8	27.8	3.0	C	36.8	4.1	34.0	38.9	4.9
2014	25.4	28.4	A	34.6	38.4	3.8	35.6	40.4	4.8
2015	26.5	29.3	2.8	36.6	40.1	3.5	37.5	42.1	4.6
2016	27.0	B	2.8	37.1	40.6	3.5	37.9	D	4.3
2017	27.3	30.1	2.8	37.9	41.3	3.4	38.3	42.8	4.5

① A - 3.0

② B - 29.8

③ C - 32.7

④ D - 42.3

✔ 해설 D에 들어갈 값은 37.9 + 4.3 = 42.2이다.

45 다음은 A~D 4대의 자동차별 속성과 연료 종류별 가격에 관한 자료이다. 60km를 운행하는 데에 연료비가 가장 많이 드는 자동차는?

■ 자동차별 속성

특성 자동차	사용연료	최고시속(km/h)	연비(km/l)	연료탱크용량(l)
A	휘발유	200	10	60
B	LPG	160	8	60
C	경유	150	12	50
D	경유	200	8	50

■ 연료 종류별 가격

연료 종류	리터당 가격(원/l)
휘발유	1,700
LPG	1,000
경유	1,500

① A

② B

③ C

④ D

✔ 해설　60km를 운행할 때 연료비는
　① A의 연료비 : $60/10 \times 1,700 = 10,200$원
　② B의 연료비 : $60/8 \times 1,000 = 7,500$원
　③ C의 연료비 : $50/12 \times 1,500 = 6,250$원
　④ D의 연료비 : $50/8 \times 1,500 = 9,375$원

46 다음은 어느 산의 5년 동안 산불 피해 현황을 나타낸 표이다. 다음 표에 대한 설명으로 옳은 것은?

(단위 : 건)

	2021년	2020년	2019년	2018년	2017년
입산자실화	185	232	250	93	217
논밭두렁 소각	63	95	83	55	110
쓰레기 소각	40	41	47	24	58
어린이 불장난	14	13	13	4	20
담배불실화	26	60	51	43	60
성묘객실화	12	24	22	31	63
기타	65	51	78	21	71
합계	405	516	544	271	599

① 2018년 산불피해건수는 전년대비 50% 이상 감소하였다.

② 산불피해건수는 꾸준히 증가하고 있다.

③ 산불발생에 가장 큰 단일 원인은 논밭두렁 소각이다.

④ 입산자실화에 의한 산불피해건수는 2018년에 가장 많았다.

✔ 해설 ② 2017년부터 산불은 증가와 감소를 반복하고 있다.
③ 가장 큰 단일 원인은 입산자실화이다.
④ 입산자실화에 의한 산불피해건수는 2019년에 가장 많았다. 적다.

47 다음 자료를 참고할 때, 2021년의 2011년 대비 사교육비와 학생 수 증감률은 순서대로 각각 얼마인가?

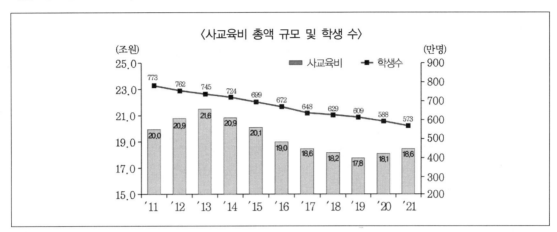

① 7.0%, 약 25.9%

② −7.0%, 약 23.4%

③ 7.0%, 약 −23.4%

④ −7.0%, 약 −25.9%

✔ 해설 • 사교육비 증감률 : $(18.6 - 20.0) \div 20.0 \times 100 = -7.0\%$
• 학생 수 증감률 : $(573 - 773) \div 773 \times 100 =$ 약 -25.9%

48 대학생 1,500명을 대상으로 한 취업 희망기업 설문조사 결과가 다음과 같았다. 남성과 여성이 가장 큰 차이를 보이는 취업 형태는 어느 것인가?

(단위 : %)

구분		대기업	공공기관	외국계기업	일반중소기업	전문중소기업	창업
		35.8	40.9	6.5	8.0	4.9	3.9
	남성	37.3	40.0	4.1	10.0	5.1	3.5
	여성	32.6	43.0	11.8	3.4	4.5	4.8

① 대기업
③ 일반중소기업

② 전문중소기업
④ 외국계기업

✔해설 외국계기업은 11.8%와 4.1%를 보이고 있어 7.7%p의 가장 큰 차이를 나타내고 있음을 알 수 있다.

49 다음 중 연도별 댐 저수율 변화의 연도별 증감 추이가 동일한 패턴을 보이는 수계로 짝지어진 것은 어느 것인가?

〈4대강 수계 댐 저수율 변화 추이〉

(단위 : %)

수계	2011	2012	2013	2014	2015
평균	59.4	60.6	57.3	48.7	43.6
한강수계	66.5	65.1	58.9	51.6	37.5
낙동강수계	48.1	51.2	43.4	41.5	40.4
금강수계	61.1	61.2	64.6	48.8	44.6
영·섬강수계	61.8	65.0	62.3	52.7	51.7

① 낙동강수계, 영·섬강수계
③ 낙동강수계, 금강수계

② 한강수계, 금강수계
④ 영·섬강수계

✔해설 수계별로 연도별 증감 추이는 다음과 같다.
- 한강수계 : 감소 − 감소 − 감소 − 감소
- 낙동강수계 : 증가 − 감소 − 감소 − 감소
- 금강수계 : 증가 − 증가 − 감소 − 감소
- 영·섬강수계 : 증가 − 감소 − 감소 − 감소

따라서 낙동강수계와 영·섬강수계의 증감 추이가 동일함을 알 수 있다.

50 다음은 직원들의 인사이동에 따른 4개의 지점별 직원 이동 현황을 나타낸 자료이다. 다음 자료를 참고할 때, 빈칸 □, □에 들어갈 수치로 알맞은 것은 어느 것인가?

〈인사이동에 따른 지점별 직원 이동 현황〉

(단위 : 명)

이동 전 ＼ 이동 후	A	B	C	D
A	–	32	44	28
B	16	–	34	23
C	22	18	–	32
D	31	22	17	–

〈지점별 직원 현황〉

(단위 : 명)

지점 ＼ 시기	인사이동 전	인사이동 후
A	425	(□)
B	390	389
C	328	351
D	375	(□)

① 380, 398

② 390, 388

③ 400, 398

④ 410, 408

✔해설 인사이동에 따라 A지점에서 근무지를 다른 곳으로 이동한 직원 수는 모두 32 + 44 + 28 = 104명이다. 또한 A지점으로 근무지를 이동해 온 직원 수는 모두 16 + 22 + 31 = 69명이 된다. 따라서 69 − 104 = −35명이 이동한 것이므로 인사이동 후 A지점의 근무 직원 수는 425 − 35 = 390명이 된다.
같은 방식으로 D지점의 직원 이동에 따른 증감 수는 83 − 70 = 13명이 된다. 따라서 인사이동 후 D지점의 근무 직원 수는 375 + 13 = 388명이 된다.

한국사

한국사

1 다음은 고려의 대외 관계를 대표하는 주요 사건을 나열한 것이다. 일어난 순서는 어떻게 되는가?

A. 귀주대첩	B. 별무반 편성
C. 동북 9성 축조	D. 강화도 천도
E. 삼별초 항쟁	

① A − B − C − D − E

② A − B − D − C − E

③ B − A − C − D − E

④ B − A − C − E − D

✔해설 고려의 대외관계 주요 사건 순서
　　　서희의 외교담판→귀주대첩→천리장성 축조→별무반 편성→동북 9성 축조→몽골 침입→강화도 천
　　　도→삼별초 항쟁→쌍성총관부 수복

2 다음에서 설명하는 개혁을 한 왕은 누구인가?

• 전제 왕권 강화	• 김흠돌의 난 이후 개혁 실시
• 국학 설립	• 관료전 지급
• 녹읍 폐지	

① 문무왕　　　　　　　　　　　② 무열왕

③ 신문왕　　　　　　　　　　　④ 장수왕

✔해설 신라 신문왕의 개혁 내용이다. 신문왕은 전제 왕권 강화를 위해 국학 설립, 관료전 지급, 9주 5소경 체
　　　제 등을 추진하였다. 그리고 귀족이 조세를 수취하고 노동력을 징발할 수 있는 녹읍을 폐지함으로써 귀
　　　족 세력의 경제적 기반을 약화시켰다.

3 다음 그림과 글을 보고 이 성을 축조하라고 지시한 왕을 고르면?

- 유네스코 세계문화유산으로 지정된 수원 화성
- 정약용의 거중기를 사용하여 건축
- 개혁의 의지를 담아 축조

① 숙종　　　　　　　　　　② 영조

③ 정조　　　　　　　　　　④ 고종

✔해설　수원 화성은 조선 후기 정조 때에 축조되었다. 정조는 수원 화성을 정치·군사·경제적 기능을 갖춘 새로운 도시로 육성하고자 하였다. 또한 수원 화성의 축조에는 중국을 통해 들어온 서양 과학 기술이 활용되었는데, 특히 정약용이 만든 거중기가 사용되어 건축 기간이 단축되었다. 수원 화성은 1997년 유네스코 세계문화유산으로 지정되었다.

4 다음에서 설명하는 이 나라는 어디인가?

　　이 나라 사람들은 12월이 되면 하늘에 제사를 드리는데, 온 나라 백성이 크게 모여서 며칠을 두고 음식을 먹고 노래하며 춤추니, 그것을 곧 영고라 한다. 이때에는 형옥(刑獄)을 중단하고 죄수를 풀어준다. 전쟁을 하게 되면 그 때에도 하늘에 제사를 지내고, 소를 잡아서 그 발굽을 가지고 길흉을 점친다.

① 부여　　　　　　　　　　② 고구려

③ 동예　　　　　　　　　　④ 옥저

✔해설　부여의 사회 모습을 보여주는 사료이다. 부여는 왕 아래에 가축의 이름을 딴 마가, 우가, 저가, 구가라는 부족장이 존재하였으며 이들은 사출도를 다스렸다. 이들은 왕을 선출하기도 하고 흉년이 들면 왕에게 책임을 묻기도 하였다.

Answer　　1.① 2.③ 3.③ 4.①

5 다음은 지눌과 관련된 내용을 정리한 것이다. 빈칸에 들어갈 내용으로 적절한 것은?

- 보조국사
- 선종 입장에서 교종 통합
- 정혜쌍수
- 권수정혜결사문 선포

- (   )
- 돈오점수
- 수선사 조직

① 천태종 개창
② 조계종 확립
③ 왕오천축국전 집필
④ 화엄사상

✔해설 지눌은 무신 정권 성립 이후 불교계가 타락하자 정혜결사(수선사)를 조직하여 신앙 결사 운동을 전개하였다. 이러한 결사 운동은 이후 조계종으로 발전하였다. 교종의 입장에서 선종을 통합한 의천과 달리, 지눌은 선종을 중심으로 교종을 포용하는 선·교 일치의 사상 체계를 정립하였다. '

6 다음의 역사적 사건이 일어난 순서는?

A. 무신정변
C. 이자겸의 난
E. 개경환도

B. 위화도회군
D. 귀주대첩

① D - C - E - A - B
② D - C - A - E - B
③ E - D - C - A - B
④ E - D - A - C - B

✔해설 귀주대첩(1019) → 이자겸의 난(1126) → 무신정변(1170) → 개경환도(1270) → 위화도회군(1388)

7 이곳은 고려 시대에 송과 아라비아 상인 등이 드나들며 교역이 이루어진 국제 무역항으로 수도 개경과 가까운 예성강 하구에 위치해 있었다. 이곳은 어디인가?

① 의주
② 서경
③ 합포
④ 벽란도

✔해설 벽란도는 고려 때의 국제 무역항이다. 개경에 가까운 예성강은 물이 비교적 깊어 강어귀에서 약 20리 되는 벽란도까지 큰 배가 올라갈 수 있었으며, 송(宋)·왜(倭)·사라센(Sarasen) 등의 상인들이 그칠 사이 없이 드나들었다.

8 다음 중 세종대왕의 명에 의해 장영실이 제작한 발명품을 고르면?

① 거북선
② 신기전
③ 거중기
④ 앙부일구

✔해설 앙부일구는 해시계로 종로 등에 설치하여 오가는 사람에게 시간을 알려주었다. 세종은 집현전 학자들과 함께 훈민정음을 창제하여 민족 문화를 발전시켰다.

9 다음의 내용과 관련이 있는 나라는 어디인가?

• 상가, 고추가	• 데릴사위제(서옥제)
• 제가회의	• 추수감사제(동맹)

① 부여
② 고구려
③ 동예
④ 옥저

✔해설 고구려는 5부족 연맹체를 토대로 발전하였다. 왕 아래 상가, 고추가 등의 대가가 존재하였으며, 이들은 독자적인 세력을 유지하였다. 국가의 중대사는 제가회의를 통해 결정하였으며, 10월에는 추수감사제인 동맹이 열렸고 데릴사위제가 행해졌다.

10 다음의 내용과 관계있는 인물은 누구인가?

> 금강삼매경론, 대승기신론소 등을 저술하여 불교를 이해하는 기준을 확립하였으며, 불교의 대중화에 공헌하였다.

① 원효
② 의상
③ 의천
④ 지눌

> ✔해설 제시된 내용은 신라의 승려인 원효에 대한 내용이다. 원효는 화쟁 사상을 중심으로 불교의 대중화에 힘쓴 인물이다.

11 다음에서 설명하는 고려 말기의 세력은 누구인가?

> • 지방의 중소지주층이나 향리 출신이 많았다.
> • 성리학을 공부하여 과거를 통해 중앙관리로 진출하였다.
> • 불교의 폐단을 지적하여 사회개혁을 적극적으로 주장하였다.

① 문벌귀족
② 권문세족
③ 신진사대부
④ 무인세력

> ✔해설 신진사대부는 권문세족에 도전하는 고려 후기의 새로운 사회세력으로 유교적 소양이 높고, 행정실무에도 밝은 학자 출신의 관료이다.

12 다음 조선 중기 사화를 발생한 순서대로 나열하면?

A. 갑자사화	B. 기묘사화
C. 무오사화	D. 을사사화

① A − B − C − D

② B − A − D − C

③ C − A − B − D

④ C − A − D − B

✔️**해설** 무오사화(1498) − 갑자사화(1504) − 기묘사화(1519) − 을사사화(1545)

13 다음의 설명과 관련이 깊은 조선 후기 화가는 누구인가?

• 서민들의 일상 생활을 소박하고 익살스럽게 묘사
• 서당도, 씨름도 등

① 신윤복　　　　　　　　　② 강세황

③ 장승업　　　　　　　　　④ 김홍도

✔️**해설** 김홍도는 서민을 주인공으로 하여 밭갈이, 추수, 집짓기, 대장간 등 주로 농촌의 생활상을 그리면서 땀 흘려 일하는 사람들의 일상생활을 소박하고 익살맞게 묘사하였다.

14 다음의 내용과 관련이 깊은 사건은 무엇인가?

> • 고종이 러시아 공사관으로 거처를 옮겼다.
> • 열강에 의한 각종 이권침탈이 심화되었다.
> • 독립협회가 조직되어 환궁을 요구하였다.

① 갑오개혁   ② 아관파천

③ 갑신정변   ④ 임오군란

✔️해설 아관파천 … 을미사변 이후 고종과 왕세자가 1896년부터 1년간 러시아 공사관에서 거처한 사건으로 친러파 정부가 구성되었다. 이로 인해 러시아는 압록강과 울릉도의 삼림채벌권 및 여러 경제적 이권을 요구하였고 다른 서구 열강들도 최혜국 조항을 들어 이권을 요구하였다. 이후 고종은 러시아의 영향에서 벗어날 것을 요구하는 내외의 주장에 따라 환궁하고 광무개혁을 추진하였다.

15 다음의 역사적 사건이 일어난 순서는 어떻게 되는가?

> A. 병자호란   B. 삼별초 항쟁
> C. 한글 명칭 사용   D. 3 · 1운동
> E. 갑오개혁

① A − B − C − D − E

② B − A − C − D − E

③ B − A − E − C − D

④ C − A − E − B − D

✔️해설 삼별초 항쟁(1270년) → 병자호란(1636년) → 갑오개혁(1894년) → 한글 명칭 사용(1910년) → 3 · 1운동(1919년)

16 다음 인물들을 그들이 살아온 시대 순으로 정리하면 어떻게 되는가?

A. 유관순　　　　　　　B. 김유신
C. 왕건　　　　　　　　D. 정약용
E. 허준

① B − C − E − D − A
② B − E − C − D − A
③ B − E − C − A − D
④ C − D − E − A − B

 해설 A. 유관순(1902. 12. 16 ~ 1920. 9. 28)
B. 김유신(595 ~ 673)
C. 왕건(877 ~ 943)
D. 정약용(1762. 6. 16 ~ 1836. 2. 22)
E. 허준(1539 ~ 1615)

17 이순신 장군이 승리한 해전이 아닌 것은?

① 옥포해전　　　　　　　② 한산대첩
③ 명량해전　　　　　　　④ 행주대첩

 해설 이순신 장군의 해전 순서
　㉠ 옥포해전(1592. 5. 7) : 이순신장군이 지휘하는 조선수군이 임진왜란이 일어난 후 거둔 첫 승리, 왜선
　　42척 격파(옥포, 합포, 적진포)
　㉡ 사천해전(1592. 5. 29) : 거북선이 처음으로 실전 투입 활약한 해전, 왜선 13척 격파
　㉢ 당포해전(1592. 6. 2) : 사천해전에 이어 두 번째로 거북선을 앞세운 전투, 왜선 21척 격파
　㉣ 한산대첩(1592. 7. 8) : 이순신 장군이 출전한 해전 중 가장 유명한 해전으로 학날개전법을 사용해 왜
　　선을 모두소탕
　㉤ 부산포해전(1592. 9. 1) : 부산포에서 왜선 430여척과 싸운 해전, 왜선 100여척 격파
　㉥ 명량해전(1597. 9. 16) : 백의종군에서 풀려나 통제사로 돌아온 이순신장군이 단 13척이 배를 이끌고
　　왜선 330척과 맞서 싸운 해전, 왜선 133척을 격파
　㉦ 노량해전(1598. 11. 19) : 조선수군과 일본함대가 벌인 마지막 해전, 전투는 승리하였으나 이순신 장군
　　은 왜군의 총탄에 전사하였으며 "나의 죽음을 알리지 말라"며 아군의 사기를 떨어뜨리지 않음

18 다음의 나라들이 건국된 순서대로 바르게 정렬하면 어떻게 되는가?

A. 고조선	B. 발해
C. 백제	D. 고려
E. 조선	

① A − B − C − D − E 　　　　② A − B − C − E − D
③ A − C − B − D − E 　　　　④ A − C − D − B − E

> ✔ **해설**　A. 고조선 : BC 108년까지 요동과 한반도 서북부 지역에 존재한 한국 최초의 국가
> 　　　　　B. 발해 : 698년에 고구려의 장수였던 대조영이 고구려의 유민과 말갈족을 거느리고 동모산에 도읍하여
> 　　　　　세운 나라. 수도는 건국 초기를 제외하고 상경 용천부에 두고 '해동성국'이라 불릴 만큼 국세를 떨쳤
> 　　　　　으나 926년 요나라에 멸망
> 　　　　　C. 백제 : 서기전 18년에 부여족 계통인 온조집단에 의해 현재의 서울 지역을 중심으로 건국되었다. 4세
> 　　　　　기 중반에는 북으로 황해도에서부터 경기도·충청도·전라도 일대를 영역으로 하여 전성기를 누렸
> 　　　　　다. 그러나 660년에 나당연합군에 의해 멸망
> 　　　　　D. 고려 : 918년에 왕건이 궁예를 내쫓고 개성에 도읍하여 세운 나라. 후삼국을 통일한 왕조로 불교와
> 　　　　　유학을 숭상하였고, 문종 때 문물이 가장 발달하였으나 무신의 난 이후 외부의 침입에 시달리다가
> 　　　　　1392년에 이성계에 의하여 멸망
> 　　　　　E. 조선 : 이성계가 고려를 멸망시키고 건국한 나라이며 1392년부터 1910년까지 한반도를 통치

19 국보 제32호로 몽골이 고려를 침입하자 부처의 힘으로 몽골군을 물리치기 위해 만든 것은?

① 팔만대장경 　　　　　　　② 직지심경
③ 고려사절요 　　　　　　　④ 동사강목

> ✔ **해설**　팔만대장경은 고려 고종 23년(1236)부터 38년(1251)까지 16년에 걸쳐 완성한 대장경으로 부처의 힘으로
> 　　　　　외적을 물리치기 위해 만들었으며, 경판의 수가 8만 1,258판에 이르며, 현재 합천 해인사에서 보관하고
> 　　　　　있다.

20 1372년 백운화상이 선의 참뜻을 깨닫게 하려고 엮은 책으로 금속활자로 만든 세계 최초의 책은 무엇인가?

① 삼국유사

② 팔만대장경

③ 삼국사기

④ 직지심체요절

✔해설 직지심체요절은 고려 승려 경한이 선의 요체를 깨닫는 데 필요한 내용을 뽑아 엮은 책으로 상하 2권으로 되어 있다. 정식 서명은 백운화상초록불조직지심체요절이고, 간략하게 직지심체요절이라고 한다. 내용은 경덕전등록·선문염송 등의 사전 관계 문헌을 섭렵하여 역대의 여러 부처를 비롯한 조사와 고승들의 게·송·찬·명·서·시·법어·설법 등에서 선의 요체를 깨닫는 데 긴요한 것을 초록하여 편찬한 것이다.

21 최씨 무신정권이 고용한 군인으로서 좌별초, 우별초, 신의군으로 구성된 것은 무엇인가?

① 별무반

② 삼별초

③ 어영청

④ 별기군

✔해설 최씨 무신정권의 사병으로 좌별초(左別抄)·우별초(右別抄)·신의군(神義軍)을 말한다. 삼별초는 경찰·전투 등 공적 임무를 수행했으므로 공적인 군대에 준한다.

22 조선 후기, 양반 최제우가 유교, 불교, 도교, 무속신앙 등의 교리들을 합쳐 만든 우리나라 민족 종교로 '인내천'이라는 중심 사상을 가진 것은 무엇인가?

① 동학

② 대종교

③ 천도교

④ 실학

✔해설 동학 … 1860년 최제우가 창시한 민족 종교로 기일원론과 후천개벽 사상, 인내천 사상을 특징으로 한다. 2대 교주인 최시형이 교단과 교리를 체계화하였다. 1894년 농민전쟁에 큰 영향을 끼쳤으며, 1905년 천도교로 개칭하였다.

Answer   18.③ 19.① 20.④ 21.② 22.①

23 단군이 홍익인간의 이념으로 건국한 우리나라 최초의 나라는 어디인가?

① 고구려

② 조선

③ 고조선

④ 고려

✔해설 고조선 … 우리나라 최초의 국가. 기원전 2333년 무렵에 단군왕검이 세운 나라로, 중국의 요동과 한반도 서북부 지역에 자리 잡았으며, 위만이 집권한 이후 강력한 국가로 성장하였으나 기원전 108년에 중국 한나라에 의해 멸망하였다.

24 조선시대에 나라를 다스리는 기준이 된 최고의 법전은 무엇인가?

① 경국대전

② 대전통편

③ 속대전

④ 대전회통

✔해설 경국대전 … 조선시대에 나라를 다스리는 기준이 된 최고의 법전으로, 세조 때 최항, 노사신, 강희맹 등이 집필을 시작하여 성종 7년(1476년)에 완성하고, 16년(1485년)에 펴냈다.

25 다음의 사건들을 일어난 순서대로 바르게 나열하면?

A. 척화비 건립	B. 병인양요
C. 제너럴 셔먼호 사건	D. 오페르트 남연군 묘 도굴 미수 사건
E. 신미양요	

① B − A − C − D − E

② B − C − A − D − E

③ C − B − D − E − A

④ C − A − B − D − E

✔해설 제너럴 셔먼호 사건(1866) − 병인양요(1866) − 오페르트 남연군 묘 도굴 미수 사건(1868) − 신미양요(1871) − 척화비 건립

26 다음 역사적 사건을 순서대로 나열하면?

A. 5 · 18 민주화 운동   B. 6월 민주 항쟁

C. 유신헌법 공포   D 4 · 19 혁명

---

① D − A − B − C

② D − B − A − C

③ D − B − C − A

④ D − C − A − B

> ✔**해설** D. 4 · 19 혁명(1960)은 3 · 15 부정선거를 원인으로 이승만 독재 정치 타도를 위해 일어난 민주혁명이다.
> C. 유신헌법 공포(1972)는 박정희 정부 때 대통령에게 초법적 권한을 부여한 권위주의적 체제이다.
> A. 5 · 18 민주화 운동(1980)은 10 · 26 사태 이후 등장한 신군부에 저항한 운동이다.
> B. 6월 민주 항쟁(1987)은 전두환 정권 때 대통령 직선제 개헌을 요구하며 일어난 민주화 운동이다.

27 조선을 건국한 왕은 누구인가?

① 이방원   ② 이방과

③ 이제   ④ 이성계

> ✔**해설** 태조 이성계는 국호를 조선으로 짓고, 수도를 한양으로 옮겼으며, 정도전의 도움으로 조선의 기틀을 마련하였으며 과거제를 강화하고 중앙집권적 국가를 만들었다. 하지만 세자 책봉 과정에서 실수를 저질러 이방원의 난이 일어나는 계기를 만들었다.

28 조선시대 궁궐로 1868년 경복궁이 다시 지어질 때까지 경복궁의 역할을 대체하여 임금이 거처하며 나라를 다스리는 정궁이 된 곳은 어디인가?

① 경복궁   ② 창덕궁

③ 창경궁   ④ 덕수궁

> ✔해설 창덕궁은 정궁인 경복궁보다 오히려 더 많이 쓰인 궁궐이다. 임진왜란 때 소실된 이후 다시 지어졌고, 1868년 경복궁이 다시 지어질 때까지 경복궁의 역할을 대체하여 임금이 거처하며 나라를 다스리는 정궁 역할을 하였다. 건축사에 있어 조선시대 궁궐의 한 전형을 보여 주며, 후원의 조경은 우리나라의 대표적인 왕실 정원으로서 가치가 높다.

29 왕의 친척이나 신하가 강력한 권력을 잡고 온갖 결정을 마음대로 하는 정치 형태를 무엇이라고 하는가?

① 세도정치   ② 탕평정치

③ 대리정치   ④ 붕세도정치

> ✔해설 세도정치 … 조선 후기 국왕이 총애하는 신하나 외척이 실권을 장악하고 행한 변태적 정치형태로, 원래 세도란 세상을 다스리는 커다란 도라는 뜻으로, 세도정치는 국왕이 인격과 학식·덕망이 높은 사람에게 높은 관직을 주어 우대함으로써 세상을 올바르게 다스리고 인심을 바로잡기 위해 행하는 정치를 뜻하는 말이었다. 그러나 일반적으로 세도정치란 정조 이후 신하들이 정권을 장악해 권세를 부리며 멋대로 행한 정치를 뜻한다.

30 기원전 18년 고구려에서 내려온 유이민들이 한강 근처의 위례성에 자리 잡고 세운 나라는 어디인가?

① 고구려   ② 신라

③ 백제   ④ 가야

> ✔해설 백제는 기원전 18년 고구려에서 내려온 유이민들이 한강 근처의 위례성에 자리 잡고 세운 나라로, 마한의 한 나라인 '백제국'으로부터 시작하였다.

31 출신성분에 따라 골과 품으로 등급을 나누는 신라의 신분제도를 무엇이라 하는가?

① 골품제
② 화랑도
③ 카스트
④ 화백제

✔해설 골품제는 출신성분에 따라 골(骨)과 품(品)으로 등급을 나누는 신라의 신분제도로, 개인의 혈통의 높고 낮음에 따라 정치적인 출세는 물론, 혼인, 가옥의 규모, 의복의 빛깔, 우마차의 장식에 이르기까지 사회 생활 전반에 걸쳐 여러 가지 특권과 제약이 가해졌다. 세습적인 성격이나 제도 자체의 엄격성으로 보아, 흔히 인도의 카스트제도와 비교되고 있다.

32 신라 제27대 왕으로 진평왕의 뒤를 이은 신라 최초의 여왕은 누구인가?

① 선화공주
② 진덕여왕
③ 선덕여왕
④ 진성여왕

✔해설 선덕여왕 … 신라 최초의 여왕이자 신라 27대 임금으로, 성은 김, 이름은 덕만이다. 호는 성조황고이며 26대 진평왕의 맏딸이다. 634년 연호를 인평이라 고치고, 여러 차례에 걸쳐 백제·고구려와의 분쟁을 겪었으나 내정에 힘써 선정을 베풀고, 자장 법사를 당에 보내어 불법을 들여왔으며 황룡사 구층탑·첨 성대 등의 문화적 업적을 이룩하였다. 재위기간은 632∼647년이다.

33 태조의 셋째 아들로 노비안검법을 제정하고, 958년 쌍기의 건의에 따라 과거 제도를 실시한 고려 제4대 왕 은 누구인가?

① 목종
② 성종
③ 경종
④ 광종

✔해설 광종은 고려 제4대 왕(재위 949∼975)으로, 태조의 넷째 아들이며 정종의 친동생이다. 노비안검법과 과거제를 실시하는 등 개혁정책을 통해 많은 치적을 쌓았다.

Answer 28.② 29.① 30.③ 31.① 32.③ 33.④

34 삼국시대에 낙동강 하류의 변한 땅에서 여러 작은 나라들이 모여 연맹체를 이룬 나라는 어디인가?

① 고구려

② 신라

③ 가야

④ 백제

✔해설 가야는 기원 전후부터 562년까지 낙동강 하류지역에 있던 여러 국가들의 연맹 왕국 또는 그 지역에 위치한 각 국가들의 명칭이다. 가야는 낙동강 하류의 변한 땅에서 여러 작은 나라들이 가야 연맹 왕국을 성립한 것이며, 연맹 왕국이란 여러 마을로 이루어진 작은 국가들이 하나의 우두머리 국가를 중심으로 연맹체를 이룬 국가를 말한다.

35 우리 역사상 가장 넓은 영토를 개척했으며, 해동성국이라 불렸던 나라는 어디인가?

① 고구려

② 발해

③ 고려

④ 조선

✔해설 발해는 698년에 고구려의 장수였던 대조영이 고구려의 유민과 말갈족을 거느리고 동모산에 도읍하여 세운 나라이다. 수도는 건국 초기를 제외하고 상경 용천부에 두고 '해동성국'이라 불릴 만큼 국세를 떨쳤으나 926년 요나라에 의해 멸망하였다.

36 조선 후기 서민들 사이에서 유행했던 그림으로 꽃, 새, 물고기, 까치, 십장생, 산수, 풍속 등 자연 생활에서 흔히 볼 수 있는 것들이 소재가 되었던 그림을 무엇이라 하는가?

① 풍속화

② 민화

③ 산수화

④ 문인화

✔해설 민화 … 정통회화의 조류를 모방하여 생활공간의 장식을 위해, 또는 민속적인 관습에 따라 제작된 실용화를 말한다. 조선 후기 서민층에게 유행하였으며, 이규경의 오주연문장전산고에는 이를 속화라 하고, 여염집의 병풍·족자·벽에 붙인다고 하였다. 대부분이 정식 그림교육을 받지 못한 무명화가나 떠돌이 화가들이 그렸으며, 서민들의 일상생활양식과 관습 등의 항상성에 바탕을 두고 발전하였기 때문에 창의성보다는 되풀이하여 그려져 형식화한 유형에 따라 인습적으로 계승되었다. 따라서 민화는 정통회화에 비해 수준과 시대 차이가 더 심하다. 민화는 장식장소와 용도에 따라 종류를 달리하는데 이를 화목별로 분류하면 화조영모도·어해도·작호도·십장생도·산수도·풍속도·고사도·문자도·책가도·무속도 등이 있다.

37 불교를 도입하고, 태학을 설립하였으며 율령을 반포하는 등 국가체제를 정비하여 5세기 고구려 전성기의 기틀을 마련한 고구려의 제17대 왕은 누구인가?

① 광개토대왕   ② 장수왕
③ 소수림왕   ④ 고국천왕

✔해설 소수림왕은 고구려의 제17대 왕으로, 재위 기간은 371~384년이다. 불교를 도입하고, 태학을 설립하였으며 율령을 반포하는 등 국가 체제를 정비하여 5세기 고구려 전성기의 기틀을 마련하였다.

38 다음과 같이 주장한 학자는 누구인가?

재물이란 우물의 물과 같다. 퍼내면 차게 마련이고 이용하지 않으면 말라 버린다. 그렇듯이 비단을 입지 않기 때문에 나라 안에 비단 짜는 사람이 없고, 그릇이 찌그러져도 개의치 않으며 정교한 기구를 애써 만들려 하지 않으니, 기술자나 질그릇 굽는 사람들이 없어져 각종 기술이 전해지지 않는다. 심지어 농업도 황폐해져 농사짓는 방법을 잊어버렸고, 장사를 해도 이익이 없어 생업을 포기하기에 이르렀다. 이렇듯 사민(四民)이 모두 가난하니 서로가 도울 길이 없다. 나라 안에 있는 보물도 이용하지 않아서 외국으로 흘러 들어가 버리는 실정이다. 그러니 남들이 부강해질수록 우리는 점점 가난해지는 것이다.

① 박제가   ② 유형원
③ 홍대용   ④ 박지원

✔해설 박제가는 18세기 후기의 대표적인 조선 실학자로, 북학의를 저술하여 청나라 문물의 적극적 수용을 주장하였다. 또한 절약보다 소비를 권장하여 생산의 자극을 유도하였으며 수레와 선박의 이용, 상공업의 발달을 주장하였다.

39 백제가 왜 왕에게 하사한 철제 칼로 일본 국보로 지정되어 있는 이 칼의 이름은 무엇인가?

① 첨자도

② 은장도

③ 단도

④ 칠지도

✔해설 칠지도 … 백제 왕세자가 왜왕에게 하사한 철제 칼로, 길이 75cm 정도의 곧은 칼에 몸체 좌우로 3개씩 가지 모양이 엇갈린 배열로 나와 있다. 때문에 모두 7개의 칼날을 이루고 있어 칠지도라 이름 붙여졌다. 일본 나라현의 이소노카미 신궁에 소장되어 있으며 1953년에 일본 국보로 지정되었다. 우리나라에는 칠지도에 관한 특별한 기록이 없으나, 일본에서 만든 일본서기에 '백제가 일본에 하사하였다.'라고 기록되어 있다. 4세기 후반 근초고왕 때 일본으로 전해진 것으로 보이며 뛰어난 백제의 제철 기술을 알 수 있다.

40 꽃처럼 아름다운 청년이라는 뜻의 신라시대의 청소년 수련단체는 무엇인가?

① 향도

② 백화도

③ 화랑도

④ 수호대

✔해설 화랑도는 신라 때에 있었던 화랑의 무리를 일컫는 말로, 꽃처럼 아름다운 남성의 무리라는 의미를 갖는다.

41 신라 진평왕 때 승려 원광이 화랑에게 일러 준 다섯 가지 계율인 세속오계가 아닌 것은?

① 사군이충

② 살생유택

③ 부부유별

④ 임전무퇴

✔해설 세속오계 … 원광이 수나라에서 구법하고 귀국한 후, 화랑 귀산과 추항이 찾아가 일생을 두고 경계할 금언을 청하자, 원광이 이 오계를 주었다고 한다. 사군이충(事君以忠 : 충성으로써 임금을 섬긴다) · 사친이효(事親以孝 : 효도로써 어버이를 섬긴다) · 교우이신(交友以信 : 믿음으로써 벗을 사귄다) · 임전무퇴(臨戰無退 : 싸움에 임해서는 물러남이 없다) · 살생유택(殺生有擇 : 산 것을 죽임에는 가림이 있다)이다. 이는 뒤에 화랑도의 신조가 되어 화랑도가 크게 발전하고 삼국통일의 기초를 이룩하게 하는 데 크게 기여하였다.

42 백제의 장군으로 5,000명의 결사대를 이끌고 죽을 각오로 황산벌에서 전투를 한 사람은 누구인가?

① 을지문덕　　　　　　　　　　　② 관창
③ 연개소문　　　　　　　　　　　④ 계백

> ✔해설 백제 말기의 장군으로, 나당연합군이 백제를 공격하자 군사 5,000명을 이끌고 출전하여 황산벌에서 신라 김유신의 군대와 맞서 네 차례나 격파하였다.

43 수나라의 대군을 상대로 살수에서 수나라군 30만을 수장시키며 고구려와 수나라의 전투를 승리로 이끈 장군의 이름은 무엇인가?

① 을지문덕　　　　　　　　　　　② 연개소문
③ 김유신　　　　　　　　　　　　④ 강감찬

> ✔해설 을지문덕 … 고구려 26대 영양왕 때의 장수로, 계루부 출신의 귀족이다. 지략과 무용에 뛰어났고 시문에도 능했다. 영양왕 23년(612)에 수양제가 거느린 수나라 군사 200만을 살수에서 전멸시켰다.

44 돌로 구불구불한 도랑을 타원형으로 만들고, 그 도랑을 따라 물이 흐르게 만든 정원으로, 신라귀족들은 이 물줄기의 둘레에 둘러앉아 흐르는 물에 잔을 띄우고 시를 읊으며 화려한 연회를 벌였다고 한다. 훗날 경애왕이 이곳에서 화려한 연회를 벌이던 중 뜻하지 않은 후백제군의 공격을 받아 잡혀죽었다는 일화가 전하기도 하는 이곳은 어디인가?

① 안압지　　　　　　　　　　　　② 포석정
③ 경회루　　　　　　　　　　　　④ 팔각정

> ✔해설 포석정 … 경상북도 경주시 배동에 있는 통일신라시대의 정원 시설물이다. 돌로 구불구불한 도랑을 타원형으로 만들고 그 도랑을 따라 물이 흐르게 만든 것으로서, 신라귀족들은 이 물줄기의 둘레에 둘러앉아 흐르는 물에 잔을 띄우고 시를 읊으며 화려한 연회를 벌였다. 기록상으로는 880년대에 신라 헌강왕이 이곳에서 놀았다는 것이 처음 나타나나, 7세기 이전부터 만들어졌던 것으로 추측된다. 927년 11월 신라 경애왕이 이곳에서 화려한 연회를 벌이던 중 뜻하지 않은 후백제군의 공격을 받아 잡혀죽었다고 전하는 곳이다.

Answer　39.④　40.③　41.③　42.④　43.①　44.②

45 통일신라시대 서원경 근처 4개 촌락의 여러 가지 경제생활을 기록한 토지문서로 남녀별, 연령별 인구와 노비의 수 등이 기록되어 있는 것은 무엇인가?

① 토지대장　　　　　　　　　　　　② 노비문서
③ 민정문서　　　　　　　　　　　　④ 촌주일지

> ✔해설　민정문서 … 통일신라시대의 경제생활을 알 수 있는 중요한 토지 문서로 1933년 일본 동대사 정창원에서 발견되어 현재 일본에 소장되어 있다. 755년경 서원경 인근 네 개 마을에 대한 인구·토지·마전·과실나무의 수·가축의 수를 조사한 문서로, 촌주가 3년마다 촌의 노동력 징발과 조세, 공납 징수를 잘 하기 위해 작성한 것이다. 노동력 징발을 위해 나이·남녀별로 인구를 조사하였고, 조세와 공납을 징수하기 위해 토지·가축의 수, 과실나무의 수 등 개인의 재산 정도를 기록하였다.

46 통일신라시대 때 군사제도를 정비하면서 만든 중앙군으로 옛 삼국인과 말갈인을 포함시켜 민족 융합을 도모한 군대는 무엇인가?

① 9주　　　　　　　　　　　　　　② 5소경
③ 9서당　　　　　　　　　　　　　④ 10정

> ✔해설　9서당 … 신라의 중앙에 배치된 9개 부대이다. 통일 이후 수도의 방어와 치안을 맡은 핵심적 중앙군단을 말한다. 통일 이전인 진평왕 때 녹금서당(신라인)·자금서당(신라인) 등 2개의 서당이 조직되었는데, 통일이후 문무왕 때 백금서당(백제인)·비금서당(신라인)이 설치되고, 신문왕 때 황금서당(고구려인)·흑금서당(말갈인)·벽금서당(보덕국인)·적금서당(보덕국인)과 청금서당(백제인)이 추가되어 9서당으로 완성되었다.

47 청해진을 설치해 우리나라에서 최초로 동아시아 바다를 지배해 바다를 통한 교역을 연 신라의 인물은 누구인가?

① 대조영　　　　　　　　　　　　　② 장영실
③ 최무선　　　　　　　　　　　　　④ 장보고

> ✔해설　장보고 … 신라 흥덕왕 때의 장수로, 본명은 궁복이다. 중국 당나라에 들어가 무령군 소장이 되었다가 돌아와, 청해진 대사로 임명되어 황해와 남해의 해적을 없애고 해상권을 잡았으며, 신라와 당의 교역을 활발하게 하였다. 희강왕 2년(837) 왕위 계승 다툼에서 밀려난 김우징이 청해진으로 오자 이듬해 같이 반란을 일으켜 민애왕을 죽이고 우징, 곧 신무왕을 왕으로 즉위시켰다. 후에 그의 세력에 불안을 느낀 문성왕의 자객 염장에게 살해되었다.

48 삼국시대에 신라와 백제가 고구려의 남진을 막기 위해 체결한 동맹은 무엇인가?

① 나당동맹

② 조명동맹

③ 나려동맹

④ 나제동맹

> ✔해설 나제동맹 … 고구려의 장수왕은 427년에 평양으로 천도하고 남진정책을 추진하였다. 이에 위협을 느낀 신라와 백제는 433년(고구려 장수왕 21, 신라 눌지왕 17, 백제 비유왕 7)에 우호관계를 맺으며 나제동맹이 성립되었다.

49 고구려의 명장이자 안시성전투를 승리로 이끈 안시성의 성주는 누구인가?

① 양만춘

② 온사문

③ 최영

④ 김종서

> ✔해설 양만춘 … 고구려 보장왕 때 안시성의 성주로, 연개소문이 정변을 일으켰을 때 끝까지 싸워 성주의 지위를 유지하였으며, 당나라 태종이 침공하였을 때도 당나라군을 물리쳤다.

50 백제의 13대 왕으로, 백제의 전성기를 이끌었던 왕은 누구인가?

① 비류왕

② 근초고왕

③ 개로왕

④ 동성왕

> ✔해설 근초고왕 … 백제 제13대 왕이며, 재위 기간은 346년 ~ 375년까지이다. 4세기 중반 백제의 전성기를 이룩한 왕이다. 북으로는 고구려 평양성을 공격해 고국원왕을 전사시켰으며, 남으로는 마한을 완전히 정복해 백제의 영토를 최대로 확장시켰다. 또한 바다 건너 중국의 동진, 왜와 교류하기도 했다. 안으로는 부자 상속의 왕위 계승 체제를 확립시켰으며, 박사 고흥으로 하여금 역사서인 서기를 편찬하게 했다. 백제는 고이왕을 지나 근초고왕에 이르러 전성기를 맞이했다.

Answer 45.③ 46.③ 47.④ 48.④ 49.① 50.②

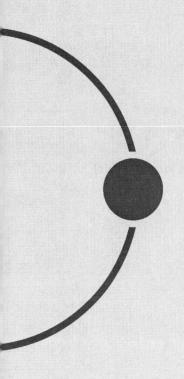

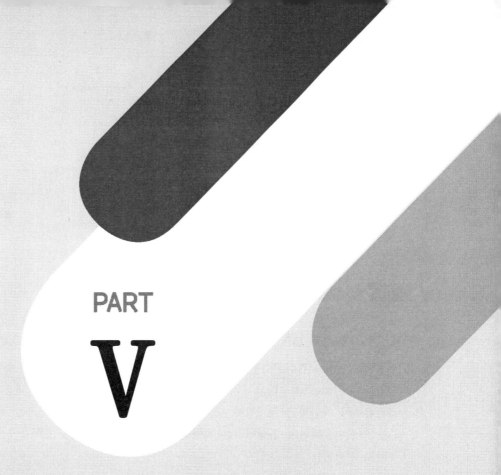

PART

V

면접

면접의 기본

01 면접준비

(1) 면접의 기본 원칙

① **면접의 의미** … 다양한 면접기법을 활용하여 지원한 직무에 필요한 능력을 지원자가 보유하고 있는 지를 확인하는 절차라고 할 수 있다. 즉, 지원자의 입장에서는 채용 직무수행에 필요한 요건들과 관련하여 자신의 환경, 경험, 관심사, 성취 등에 대해 기업에 직접 어필할 수 있는 기회를 제공받는 것이며, 기업의 입장에서는 서류전형만으로 알 수 없는 지원자에 대한 정보를 직접적으로 수집하고 평가하는 것이다.

② **면접의 특징** … 면접은 기업의 입장에서 서류전형이나 필기전형에서 드러나지 않는 지원자의 능력이나 성향을 볼 수 있는 기회로, 면대면으로 이루어지며 즉흥적인 질문들이 포함될 수 있기 때문에 지원자가 완벽하게 준비하기 어려운 부분이 있다. 하지만 지원자 입장에서도 서류전형이나 필기전형에서 모두 보여주지 못한 자신의 능력 등을 기업의 인사담당자에게 어필할 수 있는 추가적인 기회가 될 수도 있다.

[서류 · 필기전형과 차별화되는 면접의 특징]

- 직무수행과 관련된 다양한 지원자 행동에 대한 관찰이 가능하다.
- 면접관이 알고자 하는 정보를 심층적으로 파악할 수 있다.
- 서류상의 미비한 사항과 의심스러운 부분을 확인할 수 있다.
- 커뮤니케이션 능력, 대인관계 능력 등 행동 · 언어적 정보도 얻을 수 있다.

③ 면접의 유형

　　㉠ **구조화 면접** : 사전에 계획을 세워 질문의 내용과 방법, 지원자의 답변 유형에 따른 추가 질문과 그에 대한 평가 역량이 정해져 있는 면접 방식으로 표준화 면접이라고도 한다.

　　　　• 표준화된 질문이나 평가요소가 면접 전 확정되며, 지원자는 편성된 조나 면접관에 영향을 받지 않고 동일한 질문과 시간을 부여받을 수 있다.

　　　　• 조직 또는 직무별로 주요하게 도출된 역량을 기반으로 평가요소가 구성되어, 조직 또는 직무에서 필요한 역량을 가진 지원자를 선발할 수 있다.

　　　　• 표준화된 형식을 사용하는 특성 때문에 비구조화 면접에 비해 신뢰성과 타당성, 객관성이 높다.

　　㉡ **비구조화 면접** : 면접 계획을 세울 때 면접 목적만을 명시하고 내용이나 방법은 면접관에게 전적으로 일임하는 방식으로 비표준화 면접이라고도 한다.

　　　　• 표준화된 질문이나 평가요소 없이 면접이 진행되며, 편성된 조나 면접관에 따라 지원자에게 주어지는 질문이나 시간이 다르다.

　　　　• 면접관의 주관적인 판단에 따라 평가가 이루어져 평가 오류가 빈번히 일어난다.

　　　　• 상황 대처나 언변이 뛰어난 지원자에게 유리한 면접이 될 수 있다.

④ 경쟁력 있는 면접 요령

　　㉠ **면접 전에 준비하고 유념할 사항**

　　　　• 예상 질문과 답변을 미리 작성한다.

　　　　• 작성한 내용을 문장으로 외우지 않고 키워드로 기억한다.

　　　　• 지원한 회사의 최근 기사를 검색하여 기억한다.

　　　　• 지원한 회사가 속한 산업군의 최근 기사를 검색하여 기억한다.

　　　　• 면접 전 1주일간 이슈가 되는 뉴스를 기억하고 자신의 생각을 반영하여 정리한다.

　　　　• 찬반토론에 대비한 주제를 목록으로 정리하여 자신의 논리를 내세운 예상답변을 작성한다.

　　㉡ **면접장에서 유념할 사항**

　　　　• 질문의 의도 파악 : 답변을 할 때에는 질문 의도를 파악하고 그에 충실한 답변이 될 수 있도록 질문사항을 유념해야 한다. 많은 지원자가 하는 실수 중 하나로 답변을 하는 도중 자기 말에 심취되어 질문의 의도와 다른 답변을 하거나 자신이 알고 있는 지식만을 나열하는 경우가 있는데, 이럴 경우 의사소통능력이 부족한 사람으로 인식될 수 있으므로 주의하도록 한다.

　　　　• 답변은 두괄식 : 답변을 할 때에는 두괄식으로 결론을 먼저 말하고 그 이유를 설명하는 것이 좋다. 미괄식으로 답변을 할 경우 용두사미의 답변이 될 가능성이 높으며, 결론을 이끌어 내는 과정에서 논리성이 결여될 우려가 있다. 또한 면접관이 결론을 듣기 전에 말을 끊고 다른 질문을 추가하는 예상치 못한 상황이 발생될 수 있으므로 답변은 자신이 전달하고자 하는 바를 먼저 밝히고 그에 대한 설명을 하는 것이 좋다.

- 지원한 회사의 기업정신과 인재상을 기억 : 답변을 할 때에는 회사가 원하는 인재라는 인상을 심어주기 위해 지원한 회사의 기업정신과 인재상 등을 염두에 두고 답변을 하는 것이 좋다. 모든 회사에 해당되는 두루뭉술한 답변보다는 지원한 회사에 맞는 맞춤형 답변을 하는 것이 좋다.
- 나보다는 회사와 사회적 관점에서 답변 : 답변을 할 때에는 자기중심적인 관점을 피하고 좀 더 넓은 시각으로 회사와 국가, 사회적 입장까지 고려하는 인재임을 어필하는 것이 좋다. 자기중심적 시각을 바탕으로 자신의 출세만을 위해 회사에 입사하려는 인상을 심어줄 경우 면접에서 불이익을 받을 가능성이 높다.
- 난처한 질문은 정직한 답변 : 난처한 질문에 답변을 해야 할 때에는 피하기보다는 정면 돌파로 정직하고 솔직하게 답변하는 것이 좋다. 난처한 부분을 감추고 드러내지 않으려 회피하는 지원자의 모습은 인사담당자에게 입사 후에도 비슷한 상황에 처했을 때 회피할 수도 있다는 우려를 심어줄 수 있다. 따라서 직장생활에 있어 중요한 덕목 중 하나인 정직을 바탕으로 솔직하게 답변을 하도록 한다.

(2) 면접의 종류 및 준비 전략

① 인성면접

　㉠ 면접 방식 및 판단기준
- 면접 방식 : 인성면접은 면접관이 가지고 있는 개인적 면접 노하우나 관심사에 의해 질문을 실시한다. 주로 입사지원서나 자기소개서의 내용을 토대로 지원동기, 과거의 경험, 미래 포부 등을 이야기하도록 하는 방식이다.
- 판단기준 : 면접관의 개인적 가치관과 경험, 해당 역량의 수준, 경험의 구체성 · 진실성 등

　㉡ 특징 : 인성면접은 그 방식으로 인해 역량과 무관한 질문들이 많고 지원자에게 주어지는 면접질문, 시간 등이 다를 수 있다. 또한 입사지원서나 자기소개서의 내용을 토대로 하기 때문에 지원자별 질문이 달라질 수 있다.

ⓒ 예시 문항 및 준비전략

• 예시 문항

> • 3분 동안 자기소개를 해 보십시오.
> • 자신의 장점과 단점을 말해 보십시오.
> • 학점이 좋지 않은데 그 이유가 무엇입니까?
> • 최근에 인상 깊게 읽은 책은 무엇입니까?
> • 회사를 선택할 때 중요시하는 것은 무엇입니까?
> • 일과 개인생활 중 어느 쪽을 중시합니까?
> • 10년 후 자신은 어떤 모습일 것이라고 생각합니까?
> • 휴학 기간 동안에는 무엇을 했습니까?

• 준비전략 : 인성면접은 입사지원서나 자기소개서의 내용을 바탕으로 하는 경우가 많으므로 자신이 작성한 입사지원서와 자기소개서의 내용을 충분히 숙지하도록 한다. 또한 최근 사회적으로 이슈가 되고 있는 뉴스에 대한 견해를 묻거나 시사상식 등에 대한 질문을 받을 수 있으므로 이에 대한 대비도 필요하다. 자칫 부담스러워 보이지 않는 질문으로 가볍게 대답하지 않도록 주의하고 모든 질문에 입사 의지를 담아 성실하게 답변하는 것이 중요하다.

② 발표면접

㉠ 면접 방식 및 판단기준

• 면접 방식 : 지원자가 특정 주제와 관련된 자료를 검토하고 그에 대한 자신의 생각을 면접관 앞에서 주어진 시간 동안 발표하고 추가 질의를 받는 방식으로 진행된다.

• 판단기준 : 지원자의 사고력, 논리력, 문제해결력 등

㉡ 특징 : 발표면접은 지원자에게 과제를 부여한 후, 과제를 수행하는 과정과 결과를 관찰·평가한다. 따라서 과제수행 결과뿐 아니라 수행과정에서의 행동을 모두 평가할 수 있다.

ⓒ 예시 문항 및 준비전략

• 예시 문항

[신입사원 조기 이직 문제]

※ 지원자는 아래에 제시된 자료를 검토한 뒤, 신입사원 조기 이직의 원인을 크게 3가지로 정리하고 이에 대한 구체적인 개선안을 도출하여 발표해 주시기 바랍니다.

※ 본 과제에 정해진 정답은 없으나 논리적 근거를 들어 개선안을 작성해 주십시오.

• A기업은 동종업계 유사기업들과 비교해 볼 때, 비교적 높은 재무안정성을 유지하고 있으며 업무강도가 그리 높지 않은 것으로 외부에 알려져 있음.

• 최근 조사결과, 동종업계 유사기업들과 연봉을 비교해 보았을 때 연봉 수준도 그리 나쁘지 않은 편이라는 것이 확인되었음.

• 그러나 지난 3년간 1~2년차 직원들의 이직률이 계속해서 증가하고 있는 추세이며, 경영진 회의에서 최우선 해결과제 중 하나로 거론되었음.

• 이에 따라 인사팀에서 현재 1~2년차 사원들을 대상으로 개선되어야 하는 A기업의 조직문화에 대한 설문조사를 실시한 결과, '상명하복식의 의사소통'이 36.7%로 1위를 차지했음.

• 이러한 설문조사와 함께, 신입사원 조기 이직에 대한 원인을 분석한 결과 파랑새 증후군, 셀프홀릭 증후군, 피터팬 증후군 등 3가지로 분류할 수 있었음.

〈동종업계 유사기업들과의 연봉 비교〉

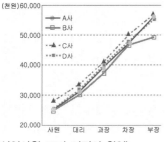

〈우리 회사 조직문화 중 개선되었으면 하는 것〉

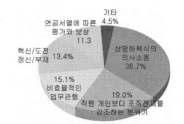

〈신입사원 조기 이직의 원인〉

• 파랑새 증후군
–현재의 직장보다 더 좋은 직장이 있을 것이라는 막연한 기대감으로 끊임없이 새로운 직장을 탐색함.
–학력 수준과 맞지 않는 '하향지원', 전공과 적성을 고려하지 않고 일단 취업하고 보자는 '묻지마 지원'이 파랑새 증후군을 초래함.

• 셀프홀릭 증후군
–본인의 역량에 비해 가치가 낮은 일을 주로 하면서 갈등을 느낌.

• 피터팬 증후군
–기성세대의 문화를 무조건 수용하기보다는 자유로움과 변화를 추구함.
–상명하복, 엄격한 규율 등 기성세대가 당연시하는 관행에 거부감을 가지며 직장에 답답함을 느낌.

- 준비전략 : 발표면접의 시작은 과제 안내문과 과제 상황, 과제 자료 등을 정확하게 이해하는 것에서 출발한다. 과제 안내문을 침착하게 읽고 제시된 주제 및 문제와 관련된 상황의 맥락을 파악한 후 과제를 검토한다. 제시된 기사나 그래프 등을 충분히 활용하여 주어진 문제를 해결할 수 있는 해결책이나 대안을 제시하며, 발표를 할 때에는 명확하고 자신 있는 태도로 전달할 수 있도록 한다.

③ 토론면접

　ⓐ 면접 방식 및 판단기준

　　- 면접 방식 : 상호갈등적 요소를 가진 과제 또는 공통의 과제를 해결하는 내용의 토론 과제를 제시하고, 그 과정에서 개인 간의 상호작용 행동을 관찰하는 방식으로 면접이 진행된다.
　　- 판단기준 : 팀워크, 적극성, 갈등 조정, 의사소통능력, 문제해결능력 등

　ⓑ 특징 : 토론을 통해 도출해 낸 최종안의 타당성도 중요하지만, 결론을 도출해 내는 과정에서의 의사소통능력이나 갈등상황에서 의견을 조정하는 능력 등이 중요하게 평가되는 특징이 있다.

　ⓒ 예시 문항 및 준비전략

　　- 예시 문항

> - 군 가산점제 부활에 대한 찬반토론
> - 담뱃값 인상에 대한 찬반토론
> - 비정규직 철폐에 대한 찬반토론
> - 대학의 영어 강의 확대 찬반토론
> - 워크숍 장소 선정을 위한 토론

　　- 준비전략 : 토론면접은 무엇보다 팀워크와 적극성이 강조된다. 따라서 토론과정에 적극적으로 참여하며 자신의 의사를 분명하게 전달하며, 갈등상황에서 자신의 의견만 내세울 것이 아니라 다른 지원자의 의견을 경청하고 배려하는 모습도 중요하다. 갈등상황을 일목요연하게 정리하여 조정하는 등의 의사소통능력을 발휘하는 것도 좋은 전략이 될 수 있다.

④ 상황면접

　ⓐ 면접 방식 및 판단기준

　　- 면접 방식 : 상황면접은 직무 수행 시 접할 수 있는 상황들을 제시하고, 그러한 상황에서 어떻게 행동할 것인지를 이야기하는 방식으로 진행된다.
　　- 판단기준 : 해당 상황에 적절한 역량의 구현과 구체적 행동지표

　ⓑ 특징 : 실제 직무 수행 시 접할 수 있는 상황들을 제시하므로 입사 이후 지원자의 업무수행능력을 평가하는 데 적절한 면접 방식이다. 또한 지원자의 가치관, 태도, 사고방식 등의 요소를 통합적으로 평가하는 데 용이하다.

ⓒ 예시 문항 및 준비전략

• 예시 문항

> 당신은 생산관리팀의 팀원으로, 생산팀이 기한에 맞춰 효율적으로 제품을 생산할 수 있도록 관리하는 역할을 맡고 있습니다. 3개월 뒤에 제품A를 정상적으로 출시하기 위해 생산팀의 생산 계획을 수립한 상황입니다. 그러나 원가가 곧 실적으로 이어지는 구매팀에서는 최대한 원가를 줄여 전반적 단가를 낮추려고 원가절감을 위한 제안을 하였으나, 연구개발팀에서는 구매팀이 제안한 방식으로 제품을 생산할 경우 대부분이 구매팀의 실적으로 산정될 것이므로 제대로 확인도 해보지 않은 채 적합하지 않은 방식이라고 판단하고 있습니다. 당신은 어떻게 하겠습니까?

• 준비전략 : 상황면접은 먼저 주어진 상황에서 핵심이 되는 문제가 무엇인지를 파악하는 것에서 시작한다. 주질문과 세부질문을 통하여 질문의 의도를 파악하였다면, 그에 대한 구체적인 행동이나 생각 등에 대해 응답할수록 높은 점수를 얻을 수 있다.

⑤ 역할면접

㉠ 면접 방식 및 판단기준

• 면접 방식 : 역할면접 또는 역할연기 면접은 기업 내 발생 가능한 상황에서 부딪히게 되는 문제와 역할을 가상적으로 설정하여 특정 역할을 맡은 사람과 상호작용하고 문제를 해결해 나가도록 하는 방식으로 진행된다. 역할연기 면접에서는 면접관이 직접 역할연기를 하면서 지원자를 관찰하기도 하지만, 역할연기 수행만 전문적으로 하는 사람을 투입할 수도 있다.

• 판단기준 : 대처능력, 대인관계능력, 의사소통능력 등

㉡ 특징 : 역할면접은 실제 상황과 유사한 가상 상황에서의 행동을 관찰함으로서 지원자의 성격이나 대처 행동 등을 관찰할 수 있다.

ⓒ 예시 문항 및 준비전략

• 예시 문항

> [금융권 역할면접의 예]
> 당신은 ○○은행의 신입 텔러이다. 사람이 많은 월말 오전 한 할아버지(면접관 또는 역할담당자)께서 ○○은행을 사칭한 보이스피싱으로 인해 500만 원을 피해 보았다며 소란을 일으키고 있다. 실제 업무상황이라고 생각하고 상황에 대처해 보시오.

• 준비전략 : 역할연기 면접에서 측정하는 역량은 주로 갈등의 원인이 되는 문제를 해결 하고 제시된 해결방안을 상대방에게 설득하는 것이다. 따라서 갈등해결, 문제해결, 조정·통합, 설득력과 같은 역량이 중요시된다. 또한 갈등을 해결하기 위해서 상대방에 대한 이해도 필수적인 요소이므로 고객 지향을 염두에 두고 상황에 맞게 대처해야 한다.

역할면접에서는 변별력을 높이기 위해 면접관이 압박적인 분위기를 조성하는 경우가 많기 때문에 스트레스 상황에서 불안해하지 않고 유연하게 대처할 수 있도록 시간과 노력을 들여 충분히 연습하는 것이 좋다.

02 면접 이미지 메이킹

(1) 성공적인 이미지 메이킹 포인트

① 복장 및 스타일

㉠ 남성

- 양복 : 양복은 단색으로 하며 넥타이나 셔츠로 포인트를 주는 것이 효과적이다. 짙은 회색이나 감청색이 가장 단정하고 품위 있는 인상을 준다.
- 셔츠 : 흰색이 가장 선호되나 자신의 피부색에 맞추는 것이 좋다. 푸른색이나 베이지색은 산뜻한 느낌을 줄 수 있다. 양복과의 배색도 고려하도록 한다.
- 넥타이 : 의상에 포인트를 줄 수 있는 아이템이지만 너무 화려한 것은 피한다. 지원자의 피부색은 물론, 정장과 셔츠의 색을 고려하며, 체격에 따라 넥타이 폭을 조절하는 것이 좋다.
- 구두 & 양말 : 구두는 검정색이나 짙은 갈색이 어느 양복에나 무난하게 어울리며 깔끔하게 닦아 준비한다. 양말은 정장과 동일한 색상이나 검정색을 착용한다.
- 헤어스타일 : 머리스타일은 단정한 느낌을 주는 짧은 헤어스타일이 좋으며 앞머리가 있다면 이마나 눈썹을 가리지 않는 선에서 정리하는 것이 좋다.

ⓛ 여성

- 의상 : 단정한 스커트 투피스 정장이나 슬랙스 슈트가 무난하다. 블랙이나 그레이, 네이비, 브라운 등 차분해 보이는 색상을 선택하는 것이 좋다.
- 소품 : 구두, 핸드백 등은 같은 계열로 코디하는 것이 좋으며 구두는 너무 화려한 디자인이나 굽이 높은 것을 피한다. 스타킹은 의상과 구두에 맞춰 단정한 것으로 선택한다.
- 액세서리 : 액세서리는 너무 크거나 화려한 것은 좋지 않으며 과하게 많이 하는 것도 좋은 인상을 주지 못한다. 착용하지 않거나 작고 깔끔한 디자인으로 포인트를 주는 정도가 적당하다.
- 메이크업 : 화장은 자연스럽고 밝은 이미지를 표현하는 것이 좋으며 진한 색조는 인상이 강해 보일 수 있으므로 피한다.
- 헤어스타일 : 커트나 단발처럼 짧은 머리는 활동적이면서도 단정한 이미지를 줄 수 있도록 정리한다. 긴 머리의 경우 하나로 묶거나 단정한 머리망으로 정리하는 것이 좋으며, 짙은 염색이나 화려한 웨이브는 피한다.

② 인사

ⓐ 인사의 의미 : 인사는 예의범절의 기본이며 상대방의 마음을 여는 기본적인 행동이라고 할 수 있다. 인사는 처음 만나는 면접관에게 호감을 살 수 있는 가장 쉬운 방법이 될 수 있기도 하지만 제대로 예의를 지키지 않으면 지원자의 인성 전반에 대한 평가로 이어질 수 있으므로 각별히 주의해야 한다.

ⓑ 인사의 핵심 포인트

- 인사말 : 인사말을 할 때에는 밝고 친근감 있는 목소리로 하며, 자신의 이름과 수험번호 등을 간략하게 소개한다.
- 시선 : 인사는 상대방의 눈을 보며 하는 것이 중요하며 너무 빤히 쳐다본다는 느낌이 들지 않도록 주의한다.
- 표정 : 인사는 마음에서 우러나오는 존경이나 반가움을 표현하고 예의를 차리는 것이므로 살짝 미소를 지으며 하는 것이 좋다.
- 자세 : 인사를 할 때에는 가볍게 목만 숙인다거나 흐트러진 상태에서 인사를 하지 않도록 주의하며 절도 있고 확실하게 하는 것이 좋다.

③ 시선처리와 표정, 목소리

  ㉠ **시선처리와 표정** : 표정은 면접에서 지원자의 첫인상을 결정하는 중요한 요소이다. 얼굴표정은 사람의 감정을 가장 잘 표현할 수 있는 의사소통 도구로 표정 하나로 상대방에게 호감을 주거나, 비호감을 사기도 한다. 호감이 가는 인상의 특징은 부드러운 눈썹, 자연스러운 미간, 적당히 볼록한 광대, 올라간 입 꼬리 등으로 가볍게 미소를 지을 때의 표정과 일치한다. 따라서 면접 중에는 밝은 표정으로 미소를 지어 호감을 형성할 수 있도록 한다. 시선은 면접관과 고르게 맞추되 생기 있는 눈빛을 띄도록 하며, 너무 빤히 쳐다본다는 인상을 주지 않도록 한다.

  ㉡ **목소리** : 면접은 주로 면접관과 지원자의 대화로 이루어지므로 목소리가 미치는 영향이 상당하다. 답변을 할 때에는 부드러우면서도 활기차고 생동감 있는 목소리로 하는 것이 면접관에게 호감을 줄 수 있으며 적당한 제스처가 더해진다면 상승효과를 얻을 수 있다. 그러나 적절한 답변을 하였음에도 불구하고 콧소리나 날카로운 목소리, 자신감 없는 작은 목소리는 답변의 신뢰성을 떨어뜨릴 수 있으므로 주의하도록 한다.

④ 자세

  ㉠ 걷는 자세

    • 면접장에 입실할 때에는 상체를 곧게 유지하고 발끝은 평행이 되게 하며 무릎을 스치듯 11자로 걷는다.

    • 시선은 정면을 향하고 턱은 가볍게 당기며 어깨나 엉덩이가 흔들리지 않도록 주의한다.

    • 발바닥 전체가 닿는 느낌으로 안정감 있게 걸으며 발소리가 나지 않도록 주의한다.

    • 보폭은 어깨넓이만큼이 적당하지만, 스커트를 착용했을 경우 보폭을 줄인다.

    • 걸을 때도 미소를 유지한다.

  ㉡ 서있는 자세

    • 몸 전체를 곧게 펴고 가슴을 자연스럽게 내민 후 등과 어깨에 힘을 주지 않는다.

    • 정면을 바라본 상태에서 턱을 약간 당기고 아랫배에 힘을 주어 당기며 바르게 선다.

    • 양 무릎과 발뒤꿈치는 붙이고 발끝은 11자 또는 V형을 취한다.

    • 남성의 경우 팔을 자연스럽게 내리고 양손을 가볍게 쥐어 바지 옆선에 붙이고, 여성의 경우 공수자세를 유지한다.

ⓒ 앉은 자세

• 남성

> • 의자 깊숙이 앉고 등받이와 등 사이에 주먹 1개 정도의 간격을 두며 기대듯 앉지 않도록 주의한다.
> (남녀 공통 사항)
> • 무릎 사이에 주먹 2개 정도의 간격을 유지하고 발끝은 11자를 취한다.
> • 시선은 정면을 바라보며 턱은 가볍게 당기고 미소를 짓는다. (남녀 공통 사항)
> • 양손은 가볍게 주먹을 쥐고 무릎 위에 올려놓는다.
> • 앉고 일어날 때에는 자세가 흐트러지지 않도록 주의한다. (남녀 공통 사항)

• 여성

> • 스커트를 입었을 경우 왼손으로 뒤쪽 스커트 자락을 누르고 오른손으로 앞쪽 자락을 누르며 의자에 앉
> 는다.
> • 무릎은 붙이고 발끝을 가지런히 하며, 다리를 왼쪽으로 비스듬히 기울인다.
> • 양손을 모아 무릎 위에 모아 놓으며 스커트를 입었을 경우 스커트 위를 가볍게 누르듯이 올려놓는다.

(2) 면접 예절

① 행동 관련 예절

ⓐ **지각은 절대금물** : 시간을 지키는 것은 예절의 기본이다. 지각을 할 경우 면접에 응시할 수 없거
나, 면접 기회가 주어지더라도 불이익을 받을 가능성이 높아진다. 따라서 면접장소가 결정되면
교통편과 소요시간을 확인하고 가능하다면 사전에 미리 방문해 보는 것도 좋다. 면접 당일에는
서둘러 출발하여 면접 시간 20~30분 전에 도착하여 회사를 둘러보고 환경에 익숙해지는 것도
성공적인 면접을 위한 요령이 될 수 있다.

ⓑ **면접 대기 시간** : 지원자들은 대부분 면접장에서의 행동과 답변 등으로만 평가를 받는다고 생각하
지만 그렇지 않다. 면접관이 아닌 면접진행자 역시 대부분 인사실무자이며 면접관이 면접 후 지
원자에 대한 평가에 있어 확신을 위해 면접진행자의 의견을 구한다면 면접진행자의 의견이 당락
에 영향을 줄 수 있다. 따라서 면접 대기 시간에도 행동과 말을 조심해야 하며, 면접을 마치고
돌아가는 순간까지도 긴장을 늦춰서는 안 된다. 면접 중 압박적인 질문에 답변을 잘 했지만, 면
접장을 나와 흐트러진 모습을 보이거나 욕설을 한다면 면접 탈락의 요인이 될 수 있으므로 주의
해야 한다.

ⓒ **입실 후 태도** : 본인의 차례가 되어 호명되면 또렷하게 대답하고 들어간다. 만약 면접장 문이 닫혀 있다면 상대에게 소리가 들릴 수 있을 정도로 노크를 두세 번 한 후 대답을 듣고 나서 들어가야 한다. 문을 여닫을 때에는 소리가 나지 않게 조용히 하며 공손한 자세로 인사한 후 성명과 수험번호를 말하고 면접관의 지시에 따라 자리에 앉는다. 이 경우 착석하라는 말이 없는데 먼저 의자에 앉으면 무례한 사람으로 보일 수 있으므로 주의한다. 의자에 앉을 때에는 끝에 앉지 말고 무릎 위에 양손을 가지런히 얹는 것이 예절이라고 할 수 있다.

ⓡ **옷매무새를 자주 고치지 마라.** : 일부 지원자의 경우 옷매무새 또는 헤어스타일을 자주 고치거나 확인하기도 하는데 이러한 모습은 과도하게 긴장한 것 같아 보이거나 면접에 집중하지 못하는 것으로 보일 수 있다. 남성 지원자의 경우 넥타이를 자꾸 고쳐 맨다거나 정장 상의 끝을 너무 자주 만지작거리지 않는다. 여성 지원자는 머리를 계속 쓸어 올리지 않고, 특히 짧은 치마를 입고서 신경이 쓰여 치마를 끌어 내리는 행동은 좋지 않다.

ⓜ **다리를 떨거나 산만한 시선은 면접 탈락의 지름길** : 자신도 모르게 다리를 떨거나 손가락을 만지는 등의 행동을 하는 지원자가 있는데, 이는 면접관의 주의를 끌 뿐만 아니라 불안하고 산만한 사람이라는 느낌을 주게 된다. 따라서 가능한 한 바른 자세로 앉아 있는 것이 좋다. 또한 면접관과 시선을 맞추지 못하고 여기저기 둘러보는 듯한 산만한 시선은 지원자가 거짓말을 하고 있다고 여겨지거나 신뢰할 수 없는 사람이라고 생각될 수 있다.

② **답변 관련 예절**

ⓐ **면접관이나 다른 지원자와 가치 논쟁을 하지 않는다.** : 질문을 받고 답변하는 과정에서 면접관 또는 다른 지원자의 의견과 다른 의견이 있을 수 있다. 특히 평소 지원자가 관심이 많은 문제이거나 잘 알고 있는 문제인 경우 자신과 다른 의견에 대해 이의가 있을 수 있다. 하지만 주의할 것은 면접에서 면접관이나 다른 지원자와 가치 논쟁을 할 필요는 없다는 것이며 오히려 불이익을 당할 수도 있다. 정답이 정해져 있지 않은 경우에는 가치관이나 성장배경에 따라 문제를 받아들이는 태도에서 답변까지 충분히 차이가 있을 수 있으므로 굳이 면접관이나 다른 지원자의 가치관을 지적하고 고치려 드는 것은 좋지 않다.

ⓑ **답변은 항상 정직해야 한다.** : 면접이라는 것이 아무리 지원자의 장점을 부각시키고 단점을 축소시키는 것이라고 해도 절대로 거짓말을 해서는 안 된다. 거짓말을 하게 되면 지원자는 불안하거나 꺼림칙한 마음이 들게 되어 면접에 집중을 하지 못하게 되고 수많은 지원자를 상대하는 면접관은 그것을 놓치지 않는다. 거짓말은 그 지원자에 대한 신뢰성을 떨어뜨리며 이로 인해 다른 스펙이 아무리 훌륭하다고 해도 채용에서 탈락하게 될 수 있음을 명심하도록 한다.

ⓒ 경력직인 경우 전 직장에 대해 험담하지 않는다. : 지원자가 전 직장에서 무슨 업무를 담당했고 어떤 성과를 올렸는지는 면접관이 관심을 둘 사항일 수 있지만, 이전 직장의 기업문화나 상사들이 어땠는지는 그다지 궁금해 하는 사항이 아니다. 전 직장에 대해 험담을 늘어놓는다든가, 동료와 상사에 대한 악담을 하게 된다면 오히려 지원자에 대한 부정적인 이미지만 심어줄 수 있다. 만약 전 직장에 대한 말을 해야 할 경우가 생긴다면 가능한 한 객관적으로 이야기하는 것이 좋다.

ⓔ 자기 자신이나 배경에 대해 자랑하지 않는다. : 자신의 성취나 부모 형제 등 집안사람들이 사회·경제적으로 어떠한 위치에 있는지에 대한 자랑은 면접관으로 하여금 지원자에 대해 오만한 사람이거나 배경에 의존하려는 나약한 사람이라는 이미지를 갖게 할 수 있다. 따라서 자기 자신이나 배경에 대해 자랑하지 않도록 하고, 자신이 한 일에 대해서 너무 자세하게 얘기하지 않도록 주의해야 한다.

03 면접 질문 및 답변 포인트

(1) 가족 및 대인관계에 관한 질문

① 당신의 가정은 어떤 가정입니까?

면접관들은 지원자의 가정환경과 성장과정을 통해 지원자의 성향을 알고 싶어 이와 같은 질문을 한다. 비록 가정 일과 사회의 일이 완전히 일치하는 것은 아니지만 '가화만사성'이라는 말이 있듯이 가정이 화목해야 사회에서도 화목하게 지낼 수 있기 때문이다. 그러므로 답변 시에는 가족사항을 정확하게 설명하고 집안의 분위기와 특징에 대해 이야기하는 것이 좋다.

② 친구 관계에 대해 말해 보십시오.

지원자의 인간성을 판단하는 질문으로 교우관계를 통해 답변자의 성격과 대인관계능력을 파악할 수 있다. 새로운 환경에 적응을 잘하여 새로운 친구들이 많은 것도 좋지만, 깊고 오래 지속되어온 인간관계를 말하는 것이 더욱 바람직하다.

(2) 성격 및 가치관에 관한 질문

① 당신의 PR포인트를 말해 주십시오.

PR포인트를 말할 때에는 지나치게 겸손한 태도는 좋지 않으며 적극적으로 자기를 주장하는 것이 좋다. 앞으로 입사 후 하게 될 업무와 관련된 자기의 특성을 구체적인 일화를 더하여 이야기하도록 한다.

② 당신의 장·단점을 말해 보십시오.

지원자의 구체적인 장·단점을 알고자 하기 보다는 지원자가 자기 자신에 대해 얼마나 알고 있으며 어느 정도의 객관적인 분석을 하고 있나, 그리고 개선의 노력 등을 시도하는지를 파악하고자 하는 것이다. 따라서 장점을 말할 때는 업무와 관련된 장점을 뒷받침할 수 있는 근거와 함께 제시하며, 단점을 이야기할 때에는 극복을 위한 노력을 반드시 포함해야 한다.

③ 가장 존경하는 사람은 누구입니까?

존경하는 사람을 말하기 위해서는 우선 그 인물에 대해 알아야 한다. 잘 모르는 인물에 대해 존경한다고 말하는 것은 면접관에게 바로 지적당할 수 있으므로, 추상적이라도 좋으니 평소에 존경스럽다고 생각했던 사람에 대해 그 사람의 어떤 점이 좋고 존경스러운지 대답하도록 한다. 또한 자신에게 어떤 영향을 미쳤는지도 언급하면 좋다.

(3) 학교생활에 관한 질문

① 지금까지의 학교생활 중 가장 기억에 남는 일은 무엇입니까?

가급적 직장생활에 도움이 되는 경험을 이야기하는 것이 좋다. 또한 경험만을 간단하게 말하지 말고 그 경험을 통해서 얻을 수 있었던 교훈 등을 예시와 함께 이야기하는 것이 좋으나 너무 상투적인 답변이 되지 않도록 주의해야 한다.

② 성적은 좋은 편이었습니까?

면접관은 이미 서류심사를 통해 지원자의 성적을 알고 있다. 그럼에도 불구하고 이 질문을 하는 것은 지원자가 성적에 대해서 어떻게 인식하느냐를 알고자 하는 것이다. 성적이 나빴던 이유에 대해서 변명하려 하지 말고 담백하게 받아들이고 그것에 대한 개선노력을 했음을 밝히는 것이 적절하다.

③ 학창시절에 시위나 집회 등에 참여한 경험이 있습니까?

기업에서는 노사분규를 기업의 사활이 걸린 중대한 문제로 인식하고 거시적인 차원에서 접근한다. 이러한 기업문화를 제대로 인식하지 못하여 학창시절의 시위나 집회 참여 경험을 자랑스럽게 답변할 경우 감점요인이 되거나 심지어는 탈락할 수 있다는 사실에 주의한다. 시위나 집회에 참가한 경험을 말할 때에는 타당성과 정도에 유의하여 답변해야 한다.

⑷ 지원동기 및 직업의식에 관한 질문

① 왜 우리 회사를 지원했습니까?

이 질문은 어느 회사나 가장 먼저 물어보고 싶은 것으로 지원자들은 기업의 이념, 대표의 경영능력, 재무구조, 복리후생 등 외적인 부분을 설명하는 경우가 많다. 이러한 답변도 적절하지만 지원회사의 주력 상품에 관한 소비자의 인지도, 경쟁사 제품과의 시장점유율을 비교하면서 입사동기를 설명한다면 상당히 주목 받을 수 있을 것이다.

② 만약 이번 채용에 불합격하면 어떻게 하겠습니까?

불합격할 것을 가정하고 회사에 응시하는 지원자는 거의 없을 것이다. 이는 지원자를 궁지로 몰아넣고 어떻게 대응하는지를 살펴보며 입사 의지를 알아보려고 하는 것이다. 이 질문은 너무 깊이 들어가지 말고 침착하게 답변하는 것이 좋다.

③ 당신이 생각하는 바람직한 사원상은 무엇입니까?

직장인으로서 또는 조직의 일원으로서의 자세를 묻는 질문으로 지원하는 회사에서 어떤 인재상을 요구하는 가를 알아두는 것이 좋으며, 평소에 자신의 생각을 미리 정리해 두어 당황하지 않도록 한다.

④ 직무상의 적성과 보수의 많음 중 어느 것을 택하겠습니까?

이런 질문에서 회사 측에서 원하는 답변은 당연히 직무상의 적성에 비중을 둔다는 것이다. 그러나 적성만을 너무 강조하다 보면 오히려 솔직하지 못하다는 인상을 줄 수 있으므로 어느 한 쪽을 너무 강조하거나 경시하는 태도는 바람직하지 못하다.

⑤ 상사와 의견이 다를 때 어떻게 하겠습니까?

과거와 다르게 최근에는 상사의 명령에 무조건 따르겠다는 수동적인 자세는 바람직하지 않다. 회사에서는 때에 따라 자신이 판단하고 행동할 수 있는 직원을 원하기 때문이다. 그러나 지나치게 자신의 의견만을 고집한다면 이는 팀원 간의 불화를 야기할 수 있으며 팀 체제에 악영향을 미칠 수 있으므로 선호하지 않는다는 것에 유념하여 답해야 한다.

⑥ 근무지가 지방인데 근무가 가능합니까?

근무지가 지방 중에서도 특정 지역은 되고 다른 지역은 안 된다는 답변은 바람직하지 않다. 직장에서는 순환 근무라는 것이 있으므로 처음에 지방에서 근무를 시작했다고 해서 계속 지방에만 있는 것은 아님을 유의하고 답변하도록 한다.

(5) 여가 활용에 관한 질문

취미가 무엇입니까?

기초적인 질문이지만 특별한 취미가 없는 지원자의 경우 대답이 애매할 수밖에 없다. 그래서 가장 많이 대답하게 되는 것이 독서, 영화감상, 혹은 음악감상 등과 같은 흔한 취미를 말하게 되는데 이런 취미는 면접관의 주의를 끌기 어려우며 설사 정말 위와 같은 취미를 가지고 있다하더라도 제대로 답변하기는 힘든 것이 사실이다. 가능하면 독특한 취미를 말하는 것이 좋으며 이제 막 시작한 것이라도 열의를 가지고 있음을 설명할 수 있으면 그것을 취미로 답변하는 것도 좋다.

(6) 지원자를 당황하게 하는 질문

① **성적이 좋지 않은데 이 정도의 성적으로 우리 회사에 입사할 수 있다고 생각합니까?**

비록 자신의 성적이 좋지 않더라도 이미 서류심사에 통과하여 면접에 참여하였다면 기업에서는 지원자의 성적보다 성적 이외의 요소, 즉 성격 · 열정 등을 높이 평가했다는 것이라고 할 수 있다. 그러나 이런 질문을 받게 되면 지원자는 당황할 수 있으나 주눅 들지 말고 침착하게 대처하는 면모를 보인다면 더 좋은 인상을 남길 수 있다.

② **우리 회사 회장님 함자를 알고 있습니까?**

회장이나 사장의 이름을 조사하는 것은 면접일을 통고받았을 때 이미 사전 조사되었어야 하는 사항이다. 단답형으로 이름만 말하기보다는 그 기업에 입사를 희망하는 지원자의 입장에서 답변하는 것이 좋다.

③ **당신은 이 회사에 적합하지 않은 것 같군요.**

이 질문은 지원자의 입장에서 상당히 곤혹스러울 수밖에 없다. 질문을 듣는 순간 그렇다면 면접은 왜 참가시킨 것인가 하는 생각이 들 수도 있다. 하지만 당황하거나 흥분하지 말고 침착하게 자신의 어떤 면이 회사에 적당하지 않는지 겸손하게 물어보고 지적당한 부분에 대해서 고치겠다는 의지를 보인다면 오히려 자신의 능력을 어필할 수 있는 기회로 사용할 수도 있다.

④ **다시 공부할 계획이 있습니까?**

이 질문은 지원자가 합격하여 직장을 다니다가 공부를 더 하기 위해 회사를 그만 두거나 학습에 더 관심을 두어 일에 대한 능률이 저하될 것을 우려하여 묻는 것이다. 이때에는 당연히 학습보다는 일을 강조해야 하며, 업무 수행에 필요한 학습이라면 업무에 지장이 없는 범위에서 야간학교를 다니거나 회사에서 제공하는 연수 프로그램 등을 활용하겠다고 답변하는 것이 적당하다.

⑤ **지원한 분야가 전공한 분야와 다른데 여기 일을 할 수 있겠습니까?**

수험생의 입장에서 본다면 지원한 분야와 전공이 다르지만 서류전형과 필기전형에 합격하여 면접을 보게 된 경우라고 할 수 있다. 이는 결국 해당 회사의 채용 방침상 전공에 크게 영향을 받지 않는다는 것이므로 무엇보다 자신이 전공하지는 않았지만 어떤 업무도 적극적으로 임할 수 있다는 자신감과 능동적인 자세를 보여주도록 노력하는 것이 좋다.

면접기출

✳ GS칼텍스 면접 기출문제

• 1분 동안 자기소개를 해 보시오.

• 친한 친구가 있다면 어떤 친구인지 말해 보시오.

• 전공 자격증이 없는데 해당 분야에 지원한 이유는 무엇인가?

• 다른 곳에 지원한 곳이 있는가?

• 지원 분야와 관련된 일을 해 본 경험에 대해 말해 보시오.

• 존경하는 사람이 있다면 이유와 함께 말해 보시오.

• 대규모 정전사태에 대해서 어떻게 생각하는가?

• GS칼텍스가 하고 있는 사업 분야에 대해 알고 있는 것을 말하시오.

• GS칼텍스에 입사해서 가장 해보고 싶은 일이 무엇인가? (개인적, 업무적인 부분 무관)

• 기업의 사회공헌 활동은 필수적이라고 생각하는가?

• 상사와 갈등이 지속적으로 생긴다면 어떻게 대처하겠는가?

• 최근 유가 상승에 따른 정유사와 정부의 입장을 정리하여 이야기 해보시오.

• 최신 시사에 대해 준비한 것이 있으면 무엇이든지 말해보시오.

• 입사 후에 자신이 배치 받은 직무가 마음에 들지 않을 때 어떻게 할 것인가?

• 학창시절 가장 좋아했던 과목은 무엇인가? 그리고 그 이유는 무엇인가?

• 본인이 가진 장점 중 GS칼텍스에서 일하기에 가장 적합한 특성은 무엇인가?

• 블로그나 SNS의 영향력이 날로 커지고 있는데 이를 이용할 방안이 있는가?

• 자신에 대해서 자랑할 수 있는 것 다섯 가지를 말해보시오.

• 자신의 인생에 있어서 최우선 순위 3가지를 말해보시오.

- (자신이 술을 전혀 하지 못한다고 가정하고) 회식이 잦다면 어떻게 할 것인가?

- 같은 부서의 직속 선배가 본인보다 3살 어릴 경우에 어떤 느낌이 들 것 같은가?

- 자신이 면접관이라면 지금 여기 앉아있는 지원자 중 누구를 뽑을 것인가?

- 근무지에 연고가 없어도 장기간 근무가 가능한가?

- 학교 다닐 때 했던 일 중에 가장 창의적인 일은 무엇인가?

- 전 현직 대통령 중 좋아하는 사람과 그렇지 않은 사람은 누구이고 이유는 무엇인가?

- 지금까지 살아오면서 가장 행복했던 일은 무엇이고 이유는 무엇인가?

- 비정규직과 정규직 채용에 대해 어떻게 생각하는가?

- 만일 5인 이하의 소규모 사업체를 운영한다면 정규직을 채용할 것인가, 아니면 비정규직을 채용할 것인가? 그리고 그 이유는 무엇인가?

- 상사가 불합리한 지시를 한다면 어떻게 행동할 것인가?

- 자신은 사무적 또는 활동적 업무 중 어떤 것을 선호하는가?

- 공무원과 일을 처리하는데 있어서 예상되는 문제점은 무엇일거 같으며 본인은 어떻게 극복하겠는가?

- 자기소개서에 쓴 지원동기 부분을 서류랑 한 글자도 다르지 않게 말해보시오.

- 만약 지금 당장 이 세상에 석유가 없다면 어떻게 될까?

- 전공이 다른데 어떻게 지원하게 되었는가?

- 주변에 친구는 많은가?

- 학창시절, 대학시절, 군대시절, 그리고 현재의 자신에 대해 말해보시오.

- 다른 기업보다 GS칼텍스가 좋은 이유는?

- 회사생활에서 가장 중요한 것이 무엇이라고 생각하는가?

- 존경하는 상사에 대해서 말해보시오.

- 입사하다면 10년 후에 GS칼텍스에서 어떤 일을 하고 있을 것 같은가?

- 일을 벌리는 타입인가, 일을 수습하는 타입인가?